Lesson 2

CREATIVE 창의
CODING 코딩
PLAY 놀이

entry 2.X

창의코딩놀이(2)엔트리2.X 자료 다운로드 방법 ·············➤

다음 페이지

렉스미디어 자료 다운로드

1 렉스미디어 홈페이지(http://www.rexmedia.net)에 접속한 후 **[자료실]-[대용량 자료실]**을 클릭합니다.

2 렉스미디어 자료실 페이지가 표시되면 **[영재스쿨]** 폴더를 클릭합니다.

3 영재스쿨 관련 페이지가 표시되면 **[창의코딩놀이(2)엔트리2.X.zip]** 파일을 클릭합니다.

4 파일 다운로드가 완료되면 [폴더에 표시]를 클릭합니다.

5 파일 탐색기가 실행되면 파일을 압축 해제한 후 창의코딩놀이(2)엔트리2.X 자료를 확인합니다.

장별로 제공되는 폴더에는 예제 및 완성 파일과 함께 '창의 놀이'의 정답 및 '연습해 보세요'의 정답 등이 포함되어 있습니다.

이 책의 특징

창의 놀이

컴퓨팅 사고력을 통해 컴퓨터 과학의 기본 개념과 원리 및 컴퓨팅 시스템을 활용하여 실생활 및 다양한 분야에서 활용, 적용할 수 있는 능력을 키워주는 놀이 방식입니다.

하음이의 옷차림 알아맞히기~*

항상 옷차림에 신경쓰는 하음이는 오늘도 마음에 드는 옷을 고르느라 거울 앞에서 떠날줄을 모릅니다. 잘 살펴보면 하음이가 옷을 갈아입을 때에도 나름 규칙이 있다는걸 알 수 있습니다.
다음 그림을 통해 규칙을 알아 보세요.

오늘은 또 무슨 놀이를 할까?

두두두둥~!!!

[월요일]

[화요일]

[수요일]

[목요일]

[금요일]

[토요일]

재미있는 놀이 방법으로 공부하며, 다양한 사고 능력 및 컴퓨터의 기본 원리를 자연스럽게 습득합니다.

🍬 왼쪽 그림을 보고 아래 물음에 답해 보세요.

아하! 알았다!!

▶ 토요일에 하음이가 입을 상의를 찾아 동그라미로 표시해 보세요.

▶ 토요일에 하음이가 입을 치마를 찾아 동그라미로 표시해 보세요.

어휴~ 어려운데~~

▶ 토요일에 하음이가 신을 신발을 찾아 동그라미로 표시해 보세요.

놀이 문제를 풀어보며 문제의 해결 능력을 키워줍니다.

이 책의 특징

코딩 놀이

블록 코딩 방식을 통해 문제 해결 방법 및 절차를 배우는 과정으로 알고리즘의 기본을 배우는 과정입니다.

Chapter 01

코딩 놀이

축구공 놀이하기

⚙ 오브젝트의 이동 방향을 수정하는 방법에 대해 알아봅니다.
⚙ 오브젝트가 벽에 닿았을 때 튕기는 방법을 알아봅니다.

> 엔트리 프로그램을 이용하여 코딩 프로그램을 재미있게 학습합니다.

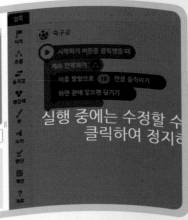

핵심놀이 **오브젝트의 이동 방향 수정하기**

이동 방향이란 오브젝트의 움직이는 방향으로 오브젝트의 이동 방향 항목에서 원하는 방향을 직접 입력하거나 [움직임] 꾸러미의 `이동 방향으로 10 만큼 움직이기` 블록과 `(으)로 정하기` 블록 등을 이용하여 블록 코딩을 이용하여 수정할 수 있습

> 오늘 배울 내용의 핵심 주제를 알기 쉽게 설명하여 배울 내용의 기본 지식을 습득합니다.

14 창의코딩놀이(2) · 엔트리

축구공의 이동 방향 수정하기

① 엔트리 프로그램에서 **엔트리봇 오브젝트의 삭제(×)**를 클릭한 후 [오브젝트 추가하기]를
이용하여 **잔디밭 및 축구공 오브젝트를 추가**합니다.

따라하기 방식을 쉽게 따라하면서 코딩 프로그램의 사용법을 배웁니다.

오브젝트 추가하기
[오브젝트 추가하기]를 클릭한 후 [오브젝트 추가하기] 대화상자에서 추가할 오브젝트([배경]-
[잔디밭], [물건]-[축구공])를 선택한 다음 [열기]를 클릭하면 오브젝트를 추가할 수 있습니다.

TIP

② 축구공 오브젝트가 선택된 상태에서 **크기(50) 및 이동 방향(40°)을 수정**합니다.

무대에서 이동 방향 수정하기
[무대]에 표시된 오브젝트를 선택하면 중심점(◎) 바로
옆에 이동 방향(→)이 표시되며, 화살표를 드래그하여
원하는 방향으로 이동 방향을 수정할 수 있습니다.

TIP

순서대로 따라하니까 바로 만들어지네~^^

제01장 · 축구공 놀이하기 **15**

엔트리 오프라인 다운로드 및 설치하기

엔트리 프로그램은 엔트리 사이트에서 직접 실행하거나 오프라인 프로그램을 다운로드 받아 컴퓨터에 설치하여 실행할 수 있는 2가지 방법이 있습니다.

엔트리 오프라인 다운로드하기

1 엔트리 사이트(http://playentry.org)에서 마우스 포인터를 메뉴 화면으로 이동한 후 메뉴 목록에서 **[다운로드]**를 클릭합니다.

2 [엔트리 오프라인 프로그램] 다운로드 화면이 표시되면 컴퓨터 운영체제 버전에 따른 시스템 종류의 **[다운로드]**를 클릭한 후 다운로드가 완료되면 화면 오른쪽에 위에 표시된 **[파일 열기]**를 클릭합니다.

Tip

내 컴퓨터의 시스템 종류 알아보기

⊞[시작]-⚙[설정]을 클릭한 후 [시스템]을 클릭하여 이동한 다음 [정보]를 클릭합니다.

엔트리 설치하기

1 [엔트리 설치] 대화상자의 설치 마법사 화면이 표시되면 구성 요소 선택 화면에서 **[다음] 단추를 클릭**한 후 설치 위치 선택 화면에서 **[설치] 단추를 클릭**합니다.

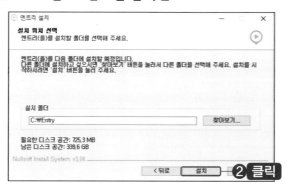

2 설치 과정이 완료되면 **[다음] 단추를 클릭**한 후 엔트리 설치 완료 화면에서 **[마침] 단추를 클릭**하여 설치를 종료합니다.

Tip

컴퓨터에 설치된 엔트리 프로그램 실행하기

바탕 화면의 엔트리 아이콘(🔵)을 더블클릭하거나 [시작] 단추에서 엔트리 프로그램 이름을 클릭하여 실행합니다.

Tip

온라인을 이용한 엔트리 실행하기

온라인에서 엔트리 프로그램을 직접 실행할 경우 웹 브라우저를 크롬에서 실행하는 것을 권장합니다. 크롬 설치는 구글 크롬 다운로드 페이지(www.google.com/chrome)에 접속하여 [Chrome 다운로드] 단추를 클릭한 후 약관에 동의하고 설치 과정을 진행합니다.

창의놀이 01 가장 좋아하는 음식 찾기~*

시온이는 부모님과 함께 마트에서 장을 보고 푸드 코너에서 점심을 먹으려고 합니다. 시온이는 면 종류를 모두 좋아하는 편이며, 그 중 가장 좋아하는 음식은 중국집에서 만든 면요리라고 할 수 있습니다. 다음 메뉴를 보고 물음에 답해 보세요.

파스타 　 김밥 　 자장면 　 불고기

비빔밥 　 냉면 　 떡국 　 칼국수

쌀국수 　 피자 　 라면 　 볶음밥

▶ 보기의 메뉴 중에서 면 요리를 제외한 나머지 메뉴는 어떤 것일까요?

　

▶ 시온이가 메뉴를 보고 좋아하는 요리 6가지를 골랐습니다. 어떤 메뉴일까요?

　

▶ 시온이가 고른 메뉴 6가지 중에서 가장 좋아하는 메뉴의 요리는 어떤 것일까요?

🍬 왼쪽 그림의 요리를 아래 그림의 5개 전문점에서 판매할 때 빈 칸에 들어갈 메뉴로 옳은 것을 보기 메뉴에서 골라 넣어 보세요.

중국 음식점

볶음밥

분식집

라면

칼국수

한정식집

냉면   떡국

불고기   비빔밥

이탈리아 음식점

파스타

베트남 음식점

쌀국수

축구공 놀이하기

오늘의 놀이
✿ 오브젝트의 이동 방향을 수정하는 방법에 대해 알아봅니다.
✿ 오브젝트가 벽에 닿았을 때 튕기는 방법을 알아봅니다.

완성

핵심놀이 오브젝트의 이동 방향 수정하기

이동 방향이란 오브젝트의 움직이는 방향으로 오브젝트의 이동 방향 항목에서 원하는 방향을 직접 입력하거나 [움직임] 꾸러미의 이동 방향으로 10 만큼 움직이기 블록과 이동 방향을 90° (으)로 정하기 블록 등을 이용하여 블록 코딩을 이용하여 수정할 수 있습니다.

축구공의 이동 방향 수정하기

1 엔트리 프로그램에서 **엔트리봇 오브젝트의 삭제(×)를 클릭**한 후 [오브젝트 추가하기]를 이용하여 **잔디밭 및 축구공 오브젝트를 추가**합니다.

오브젝트 추가하기

[오브젝트 추가하기]를 클릭한 후 [오브젝트 추가하기] 대화상자에서 추가할 오브젝트([배경]– [잔디밭], [물건]–[축구공])를 선택한 다음 [열기]를 클릭하면 오브젝트를 추가할 수 있습니다.

2 축구공 오브젝트가 선택된 상태에서 **크기(50) 및 이동 방향(40°)을 수정**합니다.

무대에서 이동 방향 수정하기

[무대]에 표시된 오브젝트를 선택하면 중심점(◉) 바로 옆에 이동 방향(➜)이 표시되며, 화살표를 드래그하여 원하는 방향으로 이동 방향을 수정할 수 있습니다.

오브젝트가 화면 끝에 닿으면 튕기기

① 축구공 오브젝트의 [블록] 탭에서 [시작] 꾸러미의 `시작하기 버튼을 클릭했을 때` 블록과 [흐름] 꾸러미의 `계속 반복하기` 블록을 **블록 조립소에 연결**합니다.

② [움직임] 꾸러미의 `이동 방향으로 10 만큼 움직이기` 블록과 `화면 끝에 닿으면 튕기기` 블록을 블록 조립소의 `계속 반복하기` 블록 안에 드래그하여 끼워넣습니다.

③ 블록 코딩이 완성되면 **[시작하기]를 클릭**한 후 무대에서 축구공이 이동 방향으로 이동하면서 화면 끝에 닿으면 튕기는지 확인합니다.

1 엔트리에서 다음과 같이 오브젝트를 추가한 후 실행해 보세요.

- 오브젝트 추가 : [배경]–[초록방], [물건]–[럭비공]
- 럭비공 오브젝트의 정보 수정 : 크기(50), 이동 방향(140°)
- [시작하기]를 클릭하면 럭비공이 계속 반복하여 이동 방향으로 10만큼 움직이면서 화면 끝에 닿으면 튕기기

2 앞에서 완성한 프로젝트에서 럭비공이 아래/위 수직으로만 움직이도록 바꾸기 위해 럭비공 오브젝트의 수정 사항으로 옳은 것은 무엇입니까?

데칼코마니 기법 활용하기~*

시온이는 미술 시간에 데칼코마니 기법을 활용하기 위해 스케치북 한 면에 그림을 그리고 접었습니다. 아래의 그림을 참고하여 문제를 풀어 보세요.

🍬 데칼코마니의 결과를 보고 ❶에 들어갈 그림의 번호를 골라 보세요.

(1)   (2)   (3)   (4)

🍬 데칼코마니의 결과를 보고 ❷에 들어갈 그림의 번호를 골라 보세요.

(1)   (2)   (3)   (4)

🍬 데칼코마니의 결과를 보고 ❸에 들어갈 그림의 번호를 골라 보세요.

(1)   (2)   (3)   (4)

🍬 왼쪽 스케치북에서 ❶, ❷, ❸의 특징을 설명한 것으로 옳은 것을 골라 보세요.

(1) 사람이 탈 수 있습니다.
(2) 사람이 먹을 수 있습니다.

코딩놀이

블록 코딩 및 오브젝트의 복제하기

오늘의 놀이
✿ 블록 코딩의 복사 방법을 알아봅니다.
✿ 오브젝트의 복제 방법을 알아봅니다.

완성

핵심놀이 블록 코딩의 복사하기

블록 조립소에서 완성한 블록 코딩은 현재 오브젝트의 블록 조립소 또는 다른 오브젝트의 블록 조립소 등에 복사할 수 있습니다. 블록 코딩의 복사는 마우스 오른쪽 단추를 눌러 바로 가기 메뉴를 이용하며, [코드 복사 & 붙여넣기]를 클릭하면 해당 블록 조립소에 코드가 복사되고, [코드 복사]를 클릭하면 현재 오브젝트 또는 다른 오브젝트의 블록 조립소에서 바로 가기 메뉴의 [붙여넣기]를 클릭하여 코드를 복사할 수 있습니다.

블록 코딩 복사하기

1 **엔트리 계정에 로그인**한 후 ▣▾–[오프라인에서 작품 불러오기] 메뉴를 통해 [Chapter02]
폴더의 '별.ent' 파일을 불러온 다음 **파란별 오브젝트의 블록 코딩을 확인**합니다.

TIP

오프라인에서 작품 불러오기
▣▾–[오프라인에서 작품 불러오기] 메뉴를 클릭한 후 [열기] 대화상자가 표시되면 [Chapter02]
폴더의 '별.ent' 파일을 선택한 다음 [열기] 단추를 클릭합니다.

2 파란별 오브젝트의 블록 코드에서 마우스 오른쪽 단추를 클릭한 후 바로 가기 메뉴의
[코드 복사]를 클릭한 다음 빨간별 오브젝트의 블록 조립소에서 마우스 오른쪽 단추를
눌러 바로 가기 메뉴의 **[붙여넣기]를 클릭**하면 블록 코드가 복사됩니다.

오브젝트의 복제하기

1 오브젝트 목록의 빨간별 오브젝트에서 마우스 오른쪽 단추를 눌러 바로 가기 메뉴의 **[복제]**를 클릭합니다.

2 오브젝트 목록에 선택한 오브젝트가 복제(빨간별1)되어 가상 위쪽에 표시되며, **무대에서 겹쳐진 빨간별1 오브젝트를 드래그**하여 원하는 위치로 이동합니다.

3 **[시작하기]**를 클릭한 후 무대에서 파란별과 빨간별 그리고 복제된 빨간별1 오브젝트가 블록 코드에 따라 실행되는지 확인합니다.

연습해 보세요

1 엔트리 프로그램에서 [Chapter02] 폴더의 '로봇청소기.ent' 파일을 열고 결과화면과 같이 무대를 완성해 보세요.

- 로봇청소기1 오브젝트 파일의 블록 코딩을 복사하여 로봇청소기2 오브젝트에 복사하기
- 로봇청소기1 오브젝트를 복제(로봇청소기3)한 후 무대에서 원하는 위치로 이동하기
- [시작하기]를 클릭한 후 로봇청소기1~3의 실행 확인하기

2 앞에서 완성한 프로젝트에서 아래 조건과 같이 수정한 후 실행해 보세요.

- 로봇청소기1~3 오브젝트의 이동 방향을 임의의 각도로 수정하기
- 로봇청소기1~3 오브젝트의 블록 조립소에서 `이동 방향으로 ○ 만큼 움직이기` 블록의 입력값을 임의로 수정한 후 실행하기

창의놀이

추상화

올해의 유행 패션 알아보기~*

패션 잡지에 나온 기사 내용과 지금까지 수집해 왔던 패션 사진을 보며 유행에 대해 생각해 보았습니다. 다음 기사와 함께 패션 사진을 참고하여 올해의 유행 패션을 찾아 보세요.

[기사 내용]

올해의 패션

작년까지 짧은 반바지에 팔목까지 닿는 7부 소매의 스타일이 유행이 었지만 올 여름 유행할 패션 의상은 발목까지 길게 내려오는 치마에 손 목까지 내려오는 긴 소매의 옷이라 고 합니다.

🍬 지금까지 수집해 왔던 패션 사진을 보고 아래 물음에 답해 보세요.

(가)　　　　　(나)　　　　　(다)

(라)　　　　(마)　　　　(바)　　　　(사)

▶ 기사내용을 참고하여 올 해 유행할 옷차림의 의상을 찾아 보세요.

▶ 작년에 유행했던 옷차림을 보기에서 찾아 보세요.

런닝맨 달리기

Chapter 03

오늘의 놀이
✿ 오브젝트의 회전 방식을 변경하는 방법에 대해 알아봅니다.
✿ 프로그램 코딩의 실행 속도를 조절하는 방법에 대해 알아봅니다.

완성

핵심놀이 **오브젝트의 회전 방식 알아보기**

오브젝트의 회전 방식에는 오브젝트가 어느 각도든지 자유롭게 회전할 수 있는 자유회전(⟳) 방식과 좌우로만 움직이는 좌우회전(↔) 그리고 어느 각도로도 움직이지 않고 고정되는 무회전(→) 등이 있습니다.

▲ 자유회전(⟳)　　　　▲ 좌우회전(↔)　　　　▲ 무회전(→)

육상선수 오브젝트의 움직임 만들기

1 **엔트리 계정에 로그인**한 후 ▤▾–[오프라인에서 작품 불러오기] 메뉴를 통해 [Chapter03] 폴더의 '런닝맨.ent' 파일을 불러온 다음 **육상선수 오브젝트의 [모양] 탭에서 모양을 확인**합니다.

2 [블록] 탭에서 [시작] 및 [흐름] 꾸러미의 `시작하기 버튼을 클릭했을 때`와 `계속 반복하기` 블록을 **블록 조립소에 연결**한 후 [움직임] 꾸러미에서 `이동 방향으로 10 만큼 움직이기`와 `화면 끝에 닿으면 튕기기` 블록을 `계속 반복하기` **블록 안에 끼워넣습니다.**

3 [생김새] 꾸러미의 `다음▾ 모양으로 바꾸기` 블록을 드래그하여 `계속 반복하기` **블록안에 연결**합니다.

회전방식 변경 및 속도 조절하기

1 육상선수 오브젝트의 블록 코딩이 완성되면 **[시작하기]**를 클릭합니다. 육상선수 오브젝트가 오른쪽에서 왼쪽으로 이동할 때 회전 방식에 따라 거꾸로 보이는 것을 확인할 수 있습니다.

▲ 자유회전(◎)

2 **[정지하기]**를 클릭한 후 회전방식을 **좌우회전(↔)으로 수정**한 후 **[시작하기]**를 클릭합니다. 육상선수 오브젝트가 회전되어 거꾸로 보이지 않고 좌우로만 바뀌어 이동합니다.

▲ 좌우회전(↔)

3 블록 코딩이 실행된 상태에서 **속도 조절(⚙)을 클릭**한 후 속도 조절 바가 표시되면 **원하는 움직임 속도를 클릭** 속도를 조절할 수 있습니다.

1 엔트리 프로그램에서 [Chapter03] 폴더의 '돛단배1.ent' 파일을 열고 결과화면과 같이 무대를 완성해 보세요.

- 돛단배 오브젝트에서 [시작하기]를 클릭하면 계속 반복해서 이동 방향으로 10만큼씩 이동하면서 화면 끝에 닿으면 튕기도록 설정하며, 이때 모양이 계속해서 다음 모양으로 바뀌도록 블록 코딩으로 만들기

- 돛단배 오브젝트의 회전방식을 좌우회전(↔) 방식으로 바꾸고 임의의 속도 조절 후 [시작하기]

2 엔트리 프로그램에서 [Chapter03] 폴더의 '돛단배2.ent' 파일을 열고 결과화면과 같이 무대를 완성해 보세요.

- 노란새 오브젝트에서 [시작하기]를 클릭하면 계속 반복해서 이동 방향으로 10만큼씩 이동하면서 화면 끝에 닿으면 튕기도록 설정하며, 이때 모양이 계속해서 다음 모양으로 바뀌도록 블록 코딩으로 만들기

- 노란새 오브젝트의 회전방식을 좌우회전(↔) 방식으로 바꾸고 임의의 속도 조절 후 [시작하기]

창의놀이 04 스케줄 조정하여 영화보기~*

시온이는 최신 개봉 영화를 이번주에 보려고 합니다. 그런데 학교 수업시간과 학원 시간을 제외하고 나머지 시간에 영화를 보아야 한답니다. 시온이의 주간 스케줄과 영화 상영 시간을 확인하여 영화를 볼 수 있는 시간을 예상해 보세요.

※ 시온이의 주간 스케줄

	월	화	수	목	금	토	일
	학교 수업 오전 9시~ 오후 1시	학교 수업 오전 9시~ 오후 3시	학교 수업 오전 9시~ 오후 2시	학교 수업 오전 9시~ 오후 3시	학교 수업 오전 9시~ 오후 2시	가족 여행	
1시							
2시							
3시							
4시			피아노		수영		
5시		방과후수업		방과후수업			
6시							
7시							

※ 영화 상영 시간

	오전	오후	
월요일	10시~12시		
화요일		3시 30분 ~ 5시 30분	4시 30분 ~ 6시 30분
수요일		3시 ~ 5시	4시 30분 ~ 6시 30분
목요일		3시 ~ 5시	4시 30분 ~ 6시 30분
금요일	10시 ~ 12시	3시 30분 ~ 5시 30분	
토요일	10시 ~ 12시	2시 ~ 4시	
일요일		2시 ~ 4시	5시 ~ 7시

▶ 시온이가 영화를 볼 수 있는 요일과 시간은 언제 입니까?

▶ 태권도 배우는걸 좋아하는 시온이가 학원에 다니고 싶어합니다. 다음 보기의 수강
반 중에서 시온이가 다닐 수 있는 수업시간은 무엇입니까?

(1) 월수금 오후 4시 30분 ~ 5시 30분
(2) 화목 오후 4시 30분 ~ 5시 30분

하늘을 나는 열기구 만들기

오늘의 놀이
⚙ 무대의 좌표에 대해 알아봅니다.
⚙ 좌표와 관련된 블록을 통해 오브젝트의 이동 방법을 알아봅니다.

완성

핵심놀이 무대의 좌표 및 좌표를 이용한 블록 알아보기

무대는 기본적으로 좌표로 이루어져 있으며, X축(가로) 방향으로 −240 ~ 240, Y축(세로) 방향으로 −135 ~ 135의 크기로 좌표를 이용하여 오브젝트의 위치를 변경할 수 있습니다.

좌표를 이용한 블록 코드

x 좌표를 10 만큼 바꾸기	오브젝트의 X좌표를 설정한 값만큼 바꿉니다.
y 좌표를 10 만큼 바꾸기	오브젝트의 Y좌표를 설정한 값만큼 바꿉니다.
x: 10 위치로 이동하기	오브젝트가 입력한 X좌표로 이동합니다(중심점 기준).
y: 10 위치로 이동하기	오브젝트가 입력한 Y좌표로 이동합니다(중심점 기준).
x: 0 y: 0 위치로 이동하기	오브젝트가 입력한 X와 Y좌표로 이동합니다.

바꾸기 블록의 경우 오브젝트가 위치한 좌표값에 입력값 만큼을 더하여 해당 위치로 이동하며, 이동하기 블록의 경우 현재 오브젝트의 위치와 관계없이 무대의 해당 좌표 위치로 이동합니다.

열기구 오브젝트의 움직임 만들기

1 **엔트리 계정에 로그인**한 후 ▣▾ −[오프라인에서 작품 불러오기] 메뉴를 통해 [Chapter04] 폴더의 '열기구.ent' 파일을 불러옵니다.

2 열기구 오브젝트의 [블록] 탭에서 [시작] 꾸러미의 `시작하기 버튼을 클릭했을 때` 블록과 [움직임] 꾸러미의 `x: 0 y: 0 위치로 이동하기` 블록을 블록 조립소로 드래그하여 **연결**합니다.

TIP

블록을 이용한 좌표 이해하기

[시작하기]를 클릭했을 때 열기구 오브젝트의 중심점을 기준으로 X좌표 0, Y좌표 0의 위치로 이동합니다.

좌표 블록을 이용한 방향 바꾸기

1 열기구 오브젝트의 [블록] 탭에서 [시작] 꾸러미의 <kbd>q▼ 키를 눌렀을 때</kbd> 블록을 블록 조립소로 이동한 후 <kbd>q▼</kbd>를 클릭, 목록이 표시되면 [왼쪽 화살표]를 선택합니다.

2 [움직임] 꾸러미의 <kbd>x좌표를 10 만큼 바꾸기</kbd> 블록을 <kbd>왼쪽 화살표▼ 키를 눌렀을 때</kbd> 블록에 연결한 후 **입력값 (–10)을 수정**합니다. 같은 방법으로 다음과 같이 블록 조립소에 블록을 연결합니다.

3 [시작하기]를 클릭한 후 키보드의 화살표 방향키(↑/↓/←/→)를 눌러 해당 방향으로 이동하는지 확인합니다.

1 엔트리 프로그램에서 [Chapter04] 폴더의 '드론날리기1.ent' 파일을 열고 결과화면과 같이 무대를 완성한 후 실행해 보세요.

- 드론1 오브젝트 : [시작하기]를 클릭하면 X좌표(−100), Y좌표(0) 위치로 이동한 후 계속해서 반복하여 모양이 바뀌도록 설정합니다. 좌표를 이용한 블록으로 키보드의 방향키를 누르면 해당 방향으로 임의의 값만큼 이동하도록 설정합니다.

2 엔트리 프로그램에서 [Chapter04] 폴더의 '드론날리기2.ent' 파일을 열고 결과화면과 같이 드론2 오브젝트를 완성하여 2인용 드론날리기를 완성해 보세요.

- 드론2 오브젝트 : [시작하기]를 클릭하면 X좌표(100), Y좌표(0) 위치로 이동한 후 계속해서 반복하여 모양이 바뀌도록 설정합니다.

- 좌표를 이용한 블록으로 키보드의 A를 누르면 왼쪽 방향, D를 누르면 오른쪽 방향, W를 누르면 위쪽 방향, S를 누르면 아래쪽 방향으로 임의의 값만큼 이동하도록 설정합니다.

05

논리적 사고능력

모눈종이 이미지 숫자로 만들기~*

시온이는 모눈종이 위의 이미지를 숫자로 나타내어 친구에게 맞추도록 문제를 냈습니다. [이렇게 하는 거예요] 내용을 참고하여 문제를 완성해 보세요.

이렇게 하는 거예요!

[모눈종이 이미지를 읽는 방법]

컴퓨터는 모든 정보를 숫자로 나타냅니다. 모눈종이 위의 이미지를 숫자로 나타내기 위해 0과 1의 숫자를 이용합니다. 가장 위쪽의 왼쪽부터 차례로 칸의 색이 채워진 경우에는 1로, 채워지지 않은 경우에는 0으로 나타냅니다.

[모눈종이 이미지를 읽기]

1	0	0	0	1
1	0	0	0	1
0	1	0	1	0
0	0	1	0	0
0	0	1	0	0
0	0	1	0	0

왼쪽 [이렇게 하는 거예요] 내용을 참고하여 모눈종이 이미지를 숫자로 표현하였을 때 빈 칸을 숫자로 채워 보세요.

0	1	1	1	0
1	0	0	0	1
0	0	0	0	1
			1	0
			0	0
1	1	1	1	1

로켓 발사하기

오늘의 놀이
✿ 좌표를 이용한 오브젝트 이동의 원리를 알아봅니다.
✿ 블록을 이용하여 로켓 발사 동작을 만들어봅니다.

완성

[핵심놀이] **반복하기 및 좌표 블록을 이용한 오브젝트 이동하기**

특정 키를 눌러 위로 올라가는 동작을 만들기 위해서는 [◯ 번 반복하기] 블록 안에 [y 좌표를 ◯ 만큼 바꾸기] 블록을 끼워넣고 입력값을 양수값으로 입력하여 동작을 만들 수 있습니다.

로켓 오브젝트의 움직임 만들기

1 **엔트리 계정에 로그인**한 후 🔲▾–[오프라인에서 작품 불러오기] 메뉴를 통해 [Chapter05] 폴더의 '로켓발사.ent' 파일을 불러옵니다.

2 로켓 오브젝트의 [블록] 탭에서 [시작] 꾸러미의 ⬛q▾키를눌렀을때 블록을 블록 조립소로 **이동**한 후 ▦q▾를 **클릭**, 키보드 목록이 표시되면 **[스페이스]를 선택**합니다.

3 [생김새] 꾸러미의 🟦로켓1▾ 모양으로바꾸기 블록을 **드래그**하여 🟦스페이스▾ 키를눌렀을때 블록에 **연결**한 후 목록 단추(▾)를 눌러 **[로켓2] 모양을 선택**합니다.

④ [흐름] 꾸러미의 10 번 반복하기 블록을 연결한 후 입력값(50)을 수정한 다음 [움직임] 꾸러미의 y좌표를 10 만큼 바꾸기 블록을 50 번 반복하기 블록 안에 끼워넣습니다.

⑤ [생김새] 꾸러미의 로켓1▼ 모양으로 바꾸기 블록을 블록 조립소의 블록 묶음 아래에 연결하고 [흐름] 꾸러미의 처음부터 다시 실행하기 블록을 로켓1▼ 모양으로 바꾸기 블록 아래에 연결합니다.

TIP

처음부터 다시 실행하기 **블록 사용하기**

처음부터 다시 실행하기 블록은 모든 오브젝트를 처음부터 다시 실행할 때 사용하는 블록으로 현재 블록 코딩에서 키보드의 SpaceBar 를 눌러 무대에서 사라지기 이전의 로켓이 위치한 처음 상태로 다시 되돌리기 위해 사용합니다.

⑥ [시작하기]를 클릭한 후 키보드의 스페이스바(SpaceBar)를 눌러 로켓이 발사되는지 확인합니다.

1 엔트리 프로그램에서 [Chapter05] 폴더의 '미사일.ent' 파일을 열고 결과화면과 같이 무대를 완성한 후 실행해 보세요.

- 미사일 오브젝트 : [시작하기]를 클릭한 후 키보드의 SpaceBar 를 누르면 미사일이 발사되어 위쪽으로 올라가며, 미사일의 위치가 특정 위치까지 올라가면 처음부터 다시 실행합니다.
- 미사일의 모양은 처음 발사 준비 모양에서 키보드의 SpaceBar 를 눌렀을 때 미사일이 발사되는 모양으로 수정합니다.

2 엔트리 프로그램에서 [Chapter05] 폴더의 '전투비행.ent' 파일을 열고 결과화면과 같이 무대를 완성한 후 실행해 보세요.

- 전투기 오브젝트 : [시작하기]를 클릭한 후 키보드의 SpaceBar 를 누르면 전투기가 발사되어 왼쪽으로 움직이며, 전투기의 위치가 특정 위치까지 이동하여 무대에서 없어지면 처음부터 다시 실행합니다.
- 전투기의 모양은 처음 엔진에 불꽃이 없는 모양에서 키보드의 SpaceBar 를 눌렀을 때 불꽃이 표시되는 모양으로 수정합니다.

논리적 사고능력

숫자를 모눈종이 이미지로 만들기~*

시온이는 숫자를 모눈종이 위의 이미지로 나타내어 친구에게 맞추도록 문제를 냈습니다. [이렇게 하는 거예요] 내용을 참고하여 문제를 완성해 보세요.

이렇게 하는 거예요!

[모눈종이 이미지를 읽는 방법]

컴퓨터는 0과 1로된 숫자를 통해 정보를 기억하며 기억된 정보를 이미지화 하여 인쇄할 수 있습니다. 가장 위쪽의 왼쪽부터 차례로 숫자1은 색을 채우고 숫자0은 색을 채우지 않는 부분으로 나타내어 정보를 인쇄해 보세요.

[숫자 정보를 통해 인쇄하기]

1	0	0	0	0	1
1	1	0	0	0	1
1	0	1	0	0	1
1	0	0	1	0	1
1	0	0	0	1	1
1	0	0	0	0	1

🍬 왼쪽 [이렇게 하는 거예요] 내용을 참고하여 숫자 정보를 이미지로 표현하였을 때
정확한 이미지로 만들어 보세요.

1	1	1	1	1	1
0	0	0	0	0	1
0	0	0	0	0	1
0	0	1	0	1	0
0	0	1	0	0	0
1	1	1	1	1	1

좌표를 이용한 점프 만들기

Chapter 06

오늘의 놀이
- 좌표를 이용한 점프 동작의 원리를 알아봅니다.
- 블록을 이용하여 점프 동작을 만들어봅니다.

완성

핵심놀이 점프 동작 이해하기

특정 키를 눌러 위로 점프해서 올라갔다가 다시 원래의 위치로 내려오는 동작을 만들기 위해서는 [번 반복하기] 블록 안에 [y좌표를 만큼 바꾸기] 블록을 끼워넣고 입력값을 양수값으로 입력하여 위로 올라갔다가 다음 [번 반복하기] 블록 안에 [y좌표를 만큼 바꾸기] 블록의 음수값을 입력하면 아래로 내려오는 동작을 만들 수 있습니다.

크래용 오브젝트의 점프 동작 만들기

① 엔트리 계정에 **로그인**한 후 –[오프라인에서 작품 불러오기] 메뉴를 통해 [Chapter06] 폴더의 '점핑놀이.ent' 파일을 불러옵니다.

② 크래용 오브젝트의 [블록] 탭에서 [시작] 꾸러미의 <kbd>q▼ 키를 눌렀을 때</kbd> 블록을 블록 조립소로 이동한 후 <kbd>q▼</kbd>를 **클릭**, 키보드 목록이 표시되면 **[스페이스]를 선택**합니다.

③ [생김새] 꾸러미의 <kbd>점핑1▼ 모양으로 바꾸기</kbd> 블록을 드래그하여 <kbd>스페이스▼ 키를 눌렀을 때</kbd> 블록에 **연결**한 후 목록 단추(▼)를 눌러 **[점핑2] 모양을 선택**합니다.

④ [흐름] 꾸러미의 `10 번 반복하기` 블록을 연결한 후 **입력값(5)을 수정**한 다음 [움직임] 꾸러미의 `y좌표를 10 만큼 바꾸기` 블록을 `5 번 반복하기` 블록 안에 끼워넣습니다.

⑤ 같은 방법으로 다음과 같이 [흐름] 및 [움직임] 꾸러미를 이용하여 `5 번 반복하기` 블록을 연결하고 `y좌표를 -10 만큼 바꾸기` 블록을 끼워 넣은 후 [생김새] 꾸러미의 `점핑1 모양으로 바꾸기` 블록을 아래쪽에 연결합니다.

⑥ [시작하기]를 클릭한 후 키보드의 스페이스바(`SpaceBar`)를 눌러 크래용이 점프하는지 확인합니다.

46 창의코딩놀이(2) · 엔트리

1 엔트리 프로그램에서 [Chapter06] 폴더의 '줄넘기.ent' 파일을 열고 결과화면과 같이 무대를 완성한 후 실행해 보세요.

- 아이 오브젝트 : [시작하기]를 클릭한 후 키보드의 SpaceBar 를 누르면 아이가 위쪽으로 특정 위치까지 올라갔다가 다시 내려가도록 블록을 코딩합니다.
- 아이1 ~ 아이3 모양을 이용하여 키보드의 SpaceBar 를 누르면 아이가 줄넘기하는 모양으로 설정합니다.

2 엔트리 프로그램에서 [Chapter06] 폴더의 '돌고래.ent' 파일을 열고 결과화면과 같이 무대를 완성한 후 실행해 보세요.

- 아기 돌고래 오브젝트 : [시작하기]를 클릭하면 계속해서 이동방향으로 3만큼씩 움직이면서 화면 끝에 닿으면 튕깁니다. 키보드의 SpaceBar 를 누르면 돌고래가 물에서 튀어 올라왔다가 다시 내려가도록 블록을 코딩합니다.

07

좋아하는 스포츠 통계 조사하기~*

시온이는 조별 과제물 숙제를 위해 반 아이들이 좋아하는 스포츠를 조사했습니다.
시온이가 조사한 자료를 이용하여 통계를 만들어 보세요.

[시온이가 조사한 자료]

이름	스포츠 종목	이름	스포츠 종목
유재식	축구	강혜리	배구
김종구	배구	나영현	농구
송지혜	야구	백진우	축구
이광숙	농구	이가빈	배구
하동구	야구	유지원	축구
이시온	농구	최동화	축구

시온이가 조사한 자료를 이용하여 통계표를 작성하였습니다. 빈 칸에 들어갈 내용을 채워 넣어 보세요.

스포츠 종목		인원 수
야구		명
배구		명
축구		명
농구		명

이동 발사대에서 로켓 발사하기

오늘의 놀이
✿ 마우스의 특정 좌표를 따라 다니는 오브젝트를 만들어봅니다.
✿ 특정 오브젝트를 따라 다니는 오브젝트를 만들어봅니다.

완성

핵심놀이　**마우스의 특정 좌표를 따라 다니는 오브젝트 만들기**

x: 10 위치로 이동하기 블록에 마우스 x▼ 좌표 블록을 끼워 넣어 x: 마우스 x▼ 좌표 위치로 이동하기 로 설정하면 마우스 포인터의 X좌표를 따라 오브젝트의 X좌표도 같은 위치로 이동할 수 있으며, y: 10 위치로 이동하기 블록에 마우스 y▼ 좌표 블록을 끼워 넣어 y: 마우스 y▼ 좌표 위치로 이동하기 로 설정하면 마우스 포인터의 Y좌표를 따라 오브젝트의 Y좌표도 같은 위치로 이동할 수 있습니다.

마우스의 특정 좌표를 이용한 이동식 발사대 만들기

1 엔트리 계정에 **로그인**한 후 ▤▾-[오프라인에서 작품 불러오기] 메뉴를 통해 [Chapter07] 폴더의 '이동식발사대.ent' 파일을 불러옵니다.

2 발사대 오브젝트의 [블록] 탭에서 [시작] 및 [흐름], [움직임] 꾸러미 등을 이용하여 다음과 같이 **블록 조립소에 블록을 연결**합니다.

3 [계산] 꾸러미의 (마우스 x▾ 좌표) 블록을 드래그하여 (x: 10 위치로 이동하기) 블록 안의 입력값 영역 안으로 드래그하여 끼워넣습니다.

발사대를 따라 다니는 로켓 만들기

① 로켓 오브젝트의 [블록] 탭에서 [시작] 및 [흐름], [움직임] 꾸러미를 이용하여 다음과 같이 **블록 조립소에 블록을 연결**합니다.

② [계산] 꾸러미의 로켓▼ 의 x좌푯값▼ 블록을 x: 10 위치로 이동하기 블록 안에 드래그하여 끼워 넣고 목록 단추(▼)를 눌러 [발사대]를 선택, 발사대▼ 의 x좌푯값▼ 으로 수정합니다. [시작] 및 [생김새], [흐름], [움직임] 등의 꾸러미를 이용하여 스페이스바(SpaceBar)를 눌렀을 때 로켓이 **위로 발사된 후 처음부터 다시 실행되도록 블록을 연결**합니다.

③ **[시작하기]를 클릭**한 후 마우스를 움직여 발사대가 마우스 포인터의 좌우 방향을 따라 같이 움직이고 발사대를 따라 로켓이 함께 움직이는지 확인합니다. 키보드의 스페이스바(SpaceBar)를 누르면 로켓이 발사되는지도 확인합니다.

1 엔트리 프로그램에서 [Chapter07] 폴더의 '석궁대회.ent' 파일을 열고 결과화면과 같이 무대를 완성한 후 실행해 보세요.

- 석궁 오브젝트 : [시작하기]를 클릭하면 석궁 오브젝트가 마우스 포인터의 Y좌표를 따라 다니도록 코딩합니다.

- 화살 오브젝트 : [시작하기]를 클릭하면 화살 오브젝트가 석궁 오브젝트의 Y좌표를 따라 다니도록 코딩합니다.

- 스페이스바(SpaceBar)를 클릭하면 화살 오브젝트가 오른쪽 석궁 위치에서 왼쪽 방향으로 이동하여 무대에서 사라지면 다시 처음부터 실행합니다.

1 다음 중 아래의 블록 코딩을 실행하여 스페이스바(SpaceBar)를 눌렀을 때의 설명으로 옳은 것은 무엇일까요?

❶ 해당 오브젝트가 왼쪽으로 이동했다가 다시 오른쪽으로 돌아옵니다.

❷ 해당 오브젝트가 오른쪽으로 이동했다가 다시 왼쪽으로 돌아옵니다.

❸ 해당 오브젝트가 위쪽으로 올라갔다가 다시 내려옵니다.

❹ 해당 오브젝트가 아래쪽으로 내려갔다가 다시 올라옵니다.

2 엔트리 프로그램에서 [Chapter08] 폴더의 '아기오리.ent' 파일을 열고 결과화면과 같이 무대를 완성해 보세요.

• 오리 오브젝트에서 [시작하기]를 클릭하면 반복해서 이동 방향으로 10만큼씩 이동하면서 화면 끝에 닿으면 튕기도록 설정하며, 이때 모양이 다음 모양으로 바뀌도록 블록 코딩으로 만들기

• 오리 오브젝트의 회전방식을 좌우회전(↔) 방식으로 바꾸기

• [시작하기]를 클릭한 후 속도 조절기를 이용하여 속도를 임의로 수정하여 실행하기

3 엔트리 프로그램에서 [Chapter08] 폴더의 '미사일발사.ent' 파일을 열고 결과화면과 같이 무대를 완성한 후 실행해 보세요.

- 미사일차량 오브젝트 : [시작하기]를 클릭하면 미사일차량 오브젝트가 마우스 포인터의 X좌표를 따라 다니도록 코딩합니다.

- 미사일 오브젝트 : [시작하기]를 클릭하면 미사일 오브젝트가 미사일차량 오브젝트의 X좌표를 따라 다니도록 코딩합니다.

- 스페이스바(SpaceBar)를 클릭하면 미사일 오브젝트가 아래쪽 미사일차량 위치에서 위쪽 방향으로 이동하여 무대에서 사라지면 다시 처음부터 다시 실행합니다.

09

카드 놓기 게임~*

수학적 사고능력

시온이는 친구 하나와 카드 놓기 게임을 하고 있습니다. 3줄 3칸으로 놓여 있는 카드에 오른쪽 및 아래쪽에 카드를 추가하여 가로/세로 모두 짝수가 되도록 만드는 게임입니다. 놓여있는 카드를 보고 빈 공간에 놓일 카드를 완성해 보세요.

이렇게 하는 거예요!

※ 놓여있는 카드

▶ 오른쪽 및 아래쪽에 카드를 추가하여 가로/세로 모두 같은 그림이 짝수가 되도록 만들어 보세요.

※ 놓여있는 카드

▶ 오른쪽 및 아래쪽에 카드를 추가하여 가로/세로 모두 같은 그림이 짝수가 되도록
만들어 보세요.

(가)   (나)

코딩놀이

화가난 다람쥐 만들기

Chapter 09

오늘의 놀이
- ⚙ 오브젝트의 크기 변경 방법에 대해 알아봅니다.
- ⚙ 반복하기 및 크기 변경 블록으로 오브젝트의 크기를 변경해봅니다.

완성

핵심놀이 **오브젝트의 크기 변경에 사용하는 블록 알아보기**

크기를 10 만큼 바꾸기 : 해당 오브젝트의 크기를 입력한 값(더하기/빼기)만큼 바꿉니다.

크기를 100 (으)로 정하기 : 해당 오브젝트의 크기를 입력한 값에 해당하는 크기로 정합니다.

▲ 1을 눌렀을 때

▲ 기본 크기(100)

▲ 2를 눌렀을 때

▲ 3을 눌렀을 때

다람쥐 오브젝트의 모양 및 크기 변경하기

1 엔트리 계정에 로그인한 후 [Chapter09] 폴더의 '화가난다람쥐.ent' 파일을 불러온 다음 다람쥐 오브젝트의 [모양] 탭에서 모양을 확인합니다.

2 다람쥐 오브젝트의 [블록] 탭에서 [시작] 꾸러미의 ▣ 키를 눌렀을때 블록을 블록 조립소로 이동한 후 ▣를 클릭, 키보드 목록이 표시되면 [스페이스]를 선택합니다.

3 [생김새] 꾸러미의 다람쥐1 ▼ 모양으로 바꾸기 블록을 드래그하여 스페이스 ▼ 키를 눌렀을때 블록에 연결한 후 목록 단추(▼)를 눌러 [다람쥐2] 모양을 선택합니다.

④ [흐름] 꾸러미의 `10 번 반복하기` 블록을 블록 조립소에 연결한 후 `10 번 반복하기` 블록 안에 [생김새] 꾸러미의 `크기를 10 만큼 바꾸기` 블록을 드래그하여 끼워넣습니다.

⑤ 같은 방법으로 다음과 같이 [흐름] 꾸러미의 `10 번 반복하기` 블록을 연결한 후 [생김새] 꾸러미의 `크기를 10 만큼 바꾸기` 블록을 안에 끼워 넣고 입력값(-10)을 수정, `크기를 -10 만큼 바꾸기` 블록으로 수정한 다음 `다람쥐1 ▼ 모양으로 바꾸기` 블록을 가장 아래쪽에 연결합니다.

⑥ [시작하기]를 클릭한 후 키보드의 스페이스바(SpaceBar)를 누르면 화가난다람쥐 모양으로 크게 확대되었다가 다시 원래의 크기로 돌아온 다음 기본 모양으로 바뀌는지 확인합니다.

1 엔트리 프로그램에서 [Chapter09] 폴더의 '와이파이.ent' 파일을 열고 결과화면과 같이 무대를 완성한 후 실행해 보세요.

- 와이파이 오브젝트 : 키보드의 스페이스바(SpaceBar)를 누르면 크기를 100만큼 크게 바꾸면서 와이파이 모양(와이파이2 ➜ 와이파이3)을 바꾸고 다시 원래 크기(20)에서 와이파이1 모양으로 되돌립니다.

SpaceBar 를 눌렀을 때 무대의 상황

▲ 와이파이 오브젝트의 모양 목록

10

창의놀이

하음이의 옷차림 알아맞히기~*

항상 옷차림에 신경쓰는 하음이는 오늘도 마음에 드는 옷을 고르느라 거울 앞에서 떠날줄을 모릅니다. 잘 살펴보면 하음이가 옷을 갈아입을 때에도 나름 규칙이 있다는걸 알 수 있습니다.

다음 그림을 통해 규칙을 알아 보세요.

(월요일)　　　　(화요일)　　　　(수요일)

(목요일)　　　　(금요일)　　　　(토요일)

🍬 왼쪽 그림을 보고 아래 물음에 답해 보세요.

▶ 토요일에 하음이가 입을 상의를 찾아 동그라미로 표시해 보세요.

▶ 토요일에 하음이가 입을 치마를 찾아 동그라미로 표시해 보세요.

▶ 토요일에 하음이가 신을 신발을 찾아 동그라미로 표시해 보세요.

코딩놀이

공포영화 만들기

Chaptor 10

오늘의 놀이
- ✿ 오브젝트의 효과를 변경하는 방법에 대해 알아봅니다.
- ✿ 블록을 이용하여 오브젝트에 효과를 적용하는 방법을 알아봅니다.

완성

핵심놀이 **효과 블록 사용하기**

- 해당 오브젝트에 선택한 효과(색깔/밝기/투명도)를 입력한 값(더하기/빼기)만큼 줍니다.

- 색깔 : 오브젝트의 색깔 효과를 입력한 값으로 정합니다. (0~100을 주기로 반복)
- 밝기 : 오브젝트의 밝기 효과를 입력한 값으로 정합니다. (−100~100 사이의 범위, −100 이하는 −100으로, 100 이상은 100으로 처리)
- 투명도 : 오브젝트의 투명도 효과를 입력한 값으로 정합니다. (0~100 사이의 범위, 0이하는 0으로, 100 이상은 100으로 처리)

귀신 오브젝트의 투명도 조정하기

1 **엔트리 계정에 로그인**한 후 📧▾–[오프라인에서 작품 불러오기] 메뉴를 통해 [Chapter10] 폴더의 '공포영화.ent' 파일을 불러옵니다.

2 귀신 오브젝트의 [블록] 탭에서 [시작] 및 [흐름] 꾸러미를 이용하여 다음과 같이 블록 조립소에 블록을 연결합니다.

TIP

1▾ 키를 눌렀을 때 블록 만들기

[시작] 꾸러미의 q▾ 키를 눌렀을 때 블록을 블록 조립소로 이동한 후 q▾를 클릭, 키보드 화면이 표시되면 키보드의 숫자(**1**)를 누릅니다.

3 [생김새] 꾸러미의 색깔▾ 효과를 10 만큼 주기 블록을 드래그하여 50 번 반복하기 블록 안에 끼워 넣고 목록 단추(▾)를 눌러 **[투명도]**를 선택한 다음 입력값(2)을 **수정**합니다.

④ 블록 조립소의 블록 묶음을 복사하기 위해 가상 위쪽 블록 위치에서 마우스 오른쪽 단추를 눌러 바로 가기 메뉴의 **[코드 복사 & 붙여넣기]**를 클릭, 블록 묶음을 복사한 후 **2 ▼ 키를 눌렀을 때**와 **투명도 ▼ 효과를 -2 만큼 주기** 블록으로 **수정**합니다.

⑤ [시작] 및 [생김새] 꾸러미를 이용하여 **스페이스바(SpaceBar)를 클릭했을 때 투명도 효과 (0)를 정하도록 블록을 연결**합니다.

⑥ **[시작하기]를 클릭**한 후 키보드의 숫자 1과 2를 이용하여 귀신 오브젝트가 조금씩 투명하게 바뀌는것과 원래의 모양으로 조금씩 되돌아 오는지 확인합니다. 키보드의 스페이스바 (SpaceBar)를 누르면 투명도 효과를 0으로 설정하여 투명도가 지정되지 않은 기본 모양으로 바뀝니다.

1 엔트리 프로그램에서 [Chapter10] 폴더의 '트리장식.ent' 파일을 열고 결과화면과 같이 무대를 완성한 후 실행해 보세요.

- 전구1~전구6, 별 오브젝트 : 키보드의 스페이스바(SpaceBar)를 누르면 계속 반복해서 별과 전구1~전구6 오브젝트의 색깔이 바뀌도록 설정합니다.

SpaceBar를 눌렀을 때 무대의 상황(계속 반복)

▼

▲ 오브젝트 목록

▼

▲ 별 및 전구1 ~ 전구6 오브젝트의 블록 연결하기

Hint

동일한 블록 복사하여 사용하기

별 및 전구1 ~ 전구6 오브젝트 등에서 동일한 블록이 사용되었을 경우 하나의 오브젝트에서 설정한 블록 코딩을 마우스 오른쪽 단추를 눌러 바로 가기 메뉴의 [코드 복사]를 선택한 다음 붙여넣을 오브젝트를 선택, 블록 조립소 영역에서 바로 가기 메뉴의 [붙여넣기]를 선택하면 같은 블록 코딩을 복사하여 사용할 수 있습니다.

수학적 사고능력

끼리끼리 놀아요~*

맛있는 간식을 가지고 소풍을 떠나기 위해 준비하는 시온이는 하나의 바구니에 3가지 종류의 케이크를 넣어 가려고 합니다. 그런데 바구니 안에는 서로 붙어 망가지지 않도록 3줄 3칸의 칸막이로 만들어 놓았는데 케이크들은 가로/세로 위치에 서로 같은 종류의 케이크가 들어가기를 싫어합니다.

아래의 그림을 보고 남은 케이크를 넣어 보세요.

이렇게 하는 거예요!

(가)   (나)   (다)

🍬 3줄 3칸의 칸막이로 만들어 놓은 바구니에 서로 같은 종류의 케이크가 들어가지 않도록 아래 그림을 보고 남은 케이크를 넣어 보세요.

(가)   (나)   (다)

세계일주 여행하기

오늘의 놀이
⚙ 오브젝트간의 이동에 사용하는 블록을 알아봅니다.
⚙ 특정 오브젝트를 바라보며 이동하는 방법을 알아봅니다.

완성

핵심놀이 **오브젝트간의 이동에 사용하는 블록 알아보기**

 : 해당 오브젝트가 다른 오브젝트 또는 마우스 포인터 쪽을
바라봅니다. 오브젝트의 이동방향이 선택된 항목을 향하
도록 오브젝트의 방향을 회전해줍니다.

: 오브젝트가 선택한 오브젝트 또는 마우스 포인터로
이동합니다. (오브젝트의 중심점이 기준이 됩니다.)

: 오브젝트가 입력한 시간에 걸쳐 선택한 오브젝
트 또는 마우스 포인터의 위치로 이동합니다.

▲ 아이스크림 오브젝트에서 블록을 코딩하고 [시작하기]를 클릭했을 때

특정 오브젝트를 바라보며 이동하기

1 엔트리 계정에 로그인한 후 🗐▾-[오프라인에서 작품 불러오기] 메뉴를 통해 [Chapter11] 폴더의 '세계여행.ent' 파일을 불러옵니다.

2 파란 비행기 오브젝트의 [블록] 탭에서 [시작] 및 [흐름] 꾸러미를 이용하여 다음과 같이 **블록 조립소에 블록을 연결 및 입력값(3)을 수정**합니다.

3 [움직임] 꾸러미의 파란 비행기 ▾ 쪽 바라보기 블록을 **드래그**하여 3 번 반복하기 블록 안에 끼워 넣고 목록 단추(▼)를 눌러 **[이순신장군동상]을 선택**합니다.

④ [움직임] 꾸러미의 `2 초 동안 파란 비행기 ▼ 위치로 이동하기` 블록을 드래그하여 `3 번 반복하기` 블록 안에 끼워 넣고 목록 단추(▼)를 눌러 [이순신장군동상]을 선택합니다.

⑤ `이순신장군동상 ▼ 쪽 바라보기` 블록 위치에서 마우스 오른쪽 단추를 눌러 바로 가기 메뉴의 [코드 복사 & 붙여넣기]를 클릭, `3 번 반복하기` 블록 안의 아래쪽에 끼워 넣고 두 개의 블록 모두 선택 옵션을 [에펠탑]으로 수정합니다. 같은 방법으로 블록을 복사한 후 끼워 넣고 [오페라 하우스], [자유의여신상] 등으로 수정합니다.

⑥ [시작하기]를 클릭한 후 파란 비행기가 이순신장군동상에서 에펠탑, 오페라하우스 등을 거쳐 자유의여신상 등으로 3번 반복하여 이동하는지 확인합니다.

▲ 블록에 사용된 초 시간에 따라 오브젝트의 움직이는 이동 속도가 달라집니다.

연습해 보세요

1 엔트리 프로그램에서 [Chapter11] 폴더의 '과일가게.ent' 파일을 열고 결과화면과 같이 무대를 완성한 후 실행해 보세요.

- 오리 오브젝트 : 키보드의 스페이스바(SpaceBar)를 누르면 빨간색길 방향으로 과일가게를 찾 아가는 문제로 바나나, 파인애플, 딸기 오브젝트 등의 순서로 이동하여 과일가게에 도착하면 "도착"을 4초동안 말합니다.

SpaceBar 를 눌렀을 때 오리의 과일가게 이동 상황

▼

▼

▲ 오브젝트 목록

▲ 오리 오브젝트의 블록 조립하기

12 창의놀이

부모님을 위해 설거지 도와 드리기~*

시온이는 부모님을 도와 저녁 식사 후 설거지를 하려고 합니다. 설거지를 위해서는 먼저 다 먹은 그릇에 물을 부어 불린 후 수세미에 세제를 묻혀 그릇을 문지르고 흐르는 물에 행군 다음 그릇 건조대에 놓아 물기를 빼고 행주로 닦아 그릇이 있던 자리에 놓아야 합니다.

[보기]

수세미   칫솔   구두주걱   세제   빗자루

▶ 보기의 그림 중에서 설거지 준비에 필요한 도구는 무엇이 있을까요?

❶ 빗자루   ❷ 칫솔   ❸ 구두주걱   ❹ 수세미

🍬 설거지의 진행 순서를 생각하여 아래 그림을 보고 빈칸에 진행 번호를 붙여 보세요.

▶ [그림1] 그릇을 거품낸 수세미로 문지른다.

▶ [그림2] 설거지할 그릇을 물에 불린다.

▶ [그림3] 흐르는 물에 그릇을 행군다.

▶ [그림4] 그릇을 건조대에 놓는다.

▶ [그림5] 행주로 그릇을 닦아 있던 자리에 놓는다.

▶ [그림6] 수세미에 세제를 묻힌다.

❶ [그림2] ❷ [   ] ❸ [그림1] ❹ [   ] ❺ [그림4] ❻ [그림5]

메뉴선택 게임 만들기

 코딩놀이

 Chapter 12

오늘의 놀이
✿ 무작위수에 대해 알아봅니다.
✿ 무작위수 블록의 사용 방법을 알아봅니다.

완성

[핵심놀이] **임의의 무작위수를 만들 때 사용하는 블록 알아보기**

무작위수란 순서나 규칙이 없는 임의의 수를 의미하며, 난수라고도 합니다.

[계산] 꾸러미의 (0 부터 10 사이의 무작위 수) 블록을 이용하며, 블록 안의 입력값 중에 첫 번째 입력값부터 두 번째 입력값 사이의 무작위수를 표시할 때 사용합니다.

입력값이 자연수(정수)로 지정할 경우 무작위수도 자연수(정수)로 표시하고, 입력값이 소수일 경우 무작위수도 소수(소수 둘째자리까지)로 표시합니다.

▼ 참고 파일 : [Chapter12] 폴더의 '주사위.ent'

 스페이스바(SpaceBar)를 누르면 1~6 모양 중에서 임의의 모양이 표시됩니다.

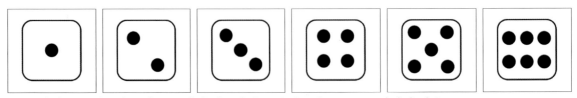

▲ 주사위 오브젝트의 모양 목록에서 왼쪽부터 모양번호가 1~6으로 지정된 경우

시작할 때 메뉴 숨기고 마우스를 클릭할 때 표시하기

① 엔트리 계정에 로그인한 후 [Chapter12] 폴더의 '메뉴고르기.ent' 파일을 불러온 후 **메뉴 오브젝트**의 [모양] 탭에서 모양 목록을 확인합니다.

② 메뉴 오브젝트의 [블록] 탭에서 [시작] 꾸러미의 ▶시작하기 버튼을 클릭했을 때 블록과 [생김새] 꾸러미의 모양 숨기기 블록을 드래그하여 블록 조립소에 연결합니다.

③ [시작] 꾸러미의 마우스를 클릭했을 때 블록과 [생김새] 꾸러미의 모양 보이기 블록을 드래그하여 블록 조립소에 연결합니다.

임의의 메뉴 선택 만들기

1 [흐름] 꾸러미의 `10 번 반복하기` 블록을 드래그하여 `모양 보이기` 블록 아래에 연결한 후 [계산] 꾸러미의 `0 부터 10 사이의 무작위 수` 블록을 `10 번 반복하기` 블록 안에 끼워 넣은 다음 첫 번째 입력값(1) 및 두 번째 입력값(50)을 **수정**하여 `1 부터 50 사이의 무작위 수 번 반복하기` 블록으로 바꿉니다.

2 [흐름] 꾸러미의 `2 초 기다리기` 블록과 [생김새] 꾸러미의 `다음▼ 모양으로 바꾸기` 블록을 드래그하여 `1 부터 50 사이의 무작위 수 번 반복하기` 블록 안에 끼워 넣은 후 **입력값(0.1)을 수정**합니다.

3 [시작하기]를 클릭하면 메뉴가 숨겨지며, 마우스를 클릭할 때에 임의의 반복 횟수동안 메뉴가 반복하여 표시되다가 멈추는지 확인합니다.

▲ 블록 조립소의 `0.1 초 기다리기` 블록에서 입력된 시간에 따라 오브젝트 모양(메뉴)의 전환 속도가 달라집니다.

1 엔트리 프로그램에서 [Chapter12] 폴더의 '모자고르기.ent' 파일을 열고 결과화면과 같이 무대를 완성한 후 실행해 보세요.

- 모자 오브젝트 : [시작하기]를 클릭했을 때 모자를 숨겼다가 키보드의 스페이스바(SpaceBar)를 누르면 모자 모양을 보이고 임의의 모자를 선택하여 표시합니다. 단, 모자 선택은 1~50까지의 무작위수 중에서 모양을 선택합니다.

SpaceBar 를 눌렀을 때 모자 오브젝트의 임의의 모자 선택

	모자1 193 X 109	×
	모자2 189 X 141	×
	모자3 184 X 137	×
	모자4 237 X 110	×
	모자5 215 X 111	×
	모자6 173 X 106	×
	모자7 216 X 111	×
	모자8 187 X 114	×

▲ 오브젝트 목록

▲ 모자 오브젝트의 블록 연결하기

창의놀이

13

피자 만들기~*

절차적 사고능력

🍞 시온이는 이번 주말에 부모님과 함께 피자를 만들려고 합니다. 피자를 만들기 위해 재료를 준비하려고 하는데 냉장고에 아래 그림과 같이 피자 재료가 있네요. 도우에 피자소스를 바르고 다양한 재료의 토핑을 올린 다음 피자치즈를 덮어 오븐에 구워 맛 있는 피자를 만들어 보겠습니다.

※ 피자 재료

| 도우 | 피자소스 | 감자 | 고구마 | 바비큐치킨 |

| 불고기 | 피자치즈 | 닭가슴살 | 칠리소스 | 햄 |

▶ 위의 피자 재료를 이용하여 만들 수 없는 피자 종류는 무엇입니까?

불고기 피자　　고구마 피자　　포테이토 피자　　바비큐치킨 피자　　씨푸드(해물) 피자

맛있는 피자를 만들기 위한 요리 순서를 생각하여 보기 그림을 통해 순서를 맞춰 보세요.

▶ [그림1] 다양한 종류의 토핑을 올린다.

▶ [그림2] 오븐에 넣어 굽는다.

▶ [그림3] 판에 피자 도우를 얹는다.

▶ [그림4] 피자치즈를 토핑위에 올린다.

▶ [그림5] 피자 도우에 피자 소스를 바른다.

▶ [그림6] 피자 조각으로 자른다.

| | → | [그림5] | → | |

→ [그림4] → [그림2] → [그림6]

아이스하키 골키퍼 만들기

오늘의 놀이
❋ 무작위수 및 좌표 블록을 이용한 오브젝트의 이동을 알아봅니다.
❋ 특정 지역에서만 움직이는 오브젝트를 만들어봅니다.

완성

핵심놀이 무작위수 및 좌표 블록을 이용하여 오브젝트 이동하기

좌표를 이용한 블록의 X위치 및 Y위치 등에 `0 부터 10 사이의 무작위 수` 블록을 사용, 입력값을 이용하면 오브젝트가 무작위수 블록의 지정한 범위 안에서 자유롭게 이동하도록 블록을 코딩할 수 있습니다.

▼ **참고 파일** : [Chapter13] 폴더의 '공움직이기.ent'

스페이스바(SpaceBar)를 누를 때마다 공이 X좌표를 −100 ~ 100 사이의 위치로 이동합니다.

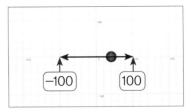

▲ 키보드의 스페이스바(SpaceBar)를 누를 때마다 공이 무대의 X좌표 위치(−100 ~ 100) 안에서 이동

무작위수를 이용한 골키퍼의 움직임 만들기

1 **엔트리 계정에 로그인**한 후 ▦▾–[오프라인에서 작품 불러오기] 메뉴를 통해 [Chapter13] 폴더의 '골키퍼.ent' 파일을 불러옵니다.

2 골키퍼 오브젝트의 [블록] 탭에서 [시작] 및 [흐름], [움직임] 꾸러미 등을 이용하여 다음과 같이 연결한 후 입력값을 수정, `0.5 초 동안 x: 10 y: 25 위치로 이동하기` 블록으로 **수정**합니다.

3 [계산] 꾸러미의 `0 부터 10 사이의 무작위 수` 블록을 `0.5 초 동안 x: 10 y: 25 위치로 이동하기` 블록의 두 번째 X: 위치에 **드래그**하여 끼워넣은 후 **입력값(–100, 100)을 수정**합니다.

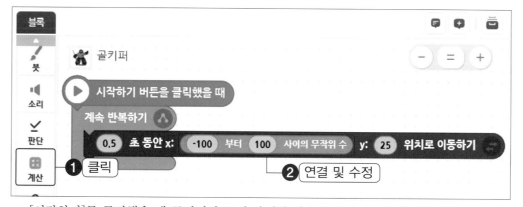

▲ [시작하기]를 클릭했을 때 골키퍼가 골대 앞에서 좌우로 움직이도록 설정한 블록 코딩입니다.

무작위수를 이용한 공의 움직임 만들기

① 공 오브젝트의 [블록] 탭에서 [시작] 및 [흐름], [움직임] 꾸러미 등을 이용하여 다음과 같이 연결한 후 입력값을 수정, `0.5 초 동안 x: 10 y: 10 위치로 이동하기` 블록으로 **수정합니다.**

② [계산] 꾸러미의 `0 부터 10 사이의 무작위 수` 블록을 `0.5 초 동안 x: 10 y: 10 위치로 이동하기` 블록의 두 번째 X:와 세 번째 Y: 위치에 드래그하여 끼워넣은 후 **입력값을 수정합니다.**

TIP

골키퍼의 이동 범위
X(-100 ~ 100), Y(25)

공의 이동 범위
X(-200 ~ 200), Y(-40 ~ -130)

③ **[시작하기]를 클릭**하면 골키퍼가 골대의 좌우 임의의 위치로 움직이고 공이 범위로 설정한 지역 안에서 임의로 이동하는지 확인합니다.

1 엔트리 프로그램에서 [Chapter13] 폴더의 '마녀비행.ent' 파일을 열고 결과화면과 같이 무대를 완성한 후 실행해 보세요.

- 마녀(1) / 마녀(2) 오브젝트 : [시작하기]를 클릭했을 때 임의의 시간(1~3초) 동안 X위치 (−200 ~ 200), Y위치(−100 ~ 110) 안에서 자유롭게 이동하도록 블록을 코딩합니다.

마녀(1), 마녀(2)의 이동 공간
X(−200 ~ 200), Y(−100 ~ 110)

[시작하기]를 눌렀을 때 마녀(1)과 마녀(2)의 움직임

▼

▼

🧹 마녀(1)　　　🧙 마녀(2)

절차적 사고능력

신호등 원리 생각하기~*

🚗 자동차 도로 및 횡단보도에 표시된 신호등을 찾아 보세요.

▶ 자동차 도로의 신호등 색이 아닌것은?

❶　　　　❷　　　　❸　　　　❹

▶ 횡단보도의 표시등이 아닌것은?

❶　　　　　❷　　　　　❸

▶ 자동차 도로의 신호등이 초록불이 들어온 경우 횡단보도에 표시될 수 있는 표시등은 무엇입니까?

❶　　　　❷　　　　❸　　　　❹

▶ 횡단보도 표시등이 초록색 보행등이 표시된 경우 자동차 도로에 표시될 수 있는 신호등은 무엇입니까?

❶　　　　❷　　　　❸　　　　❹

🍬 횡단보도의 보행등이 자동차 도로의 초록색 등보다 오랫동안 표시될 경우 일어나는 현상으로 옳지 않은것은 무엇입니까?

❶ 횡단보도를 사람들이 이동할 수 있는 시간이 길어집니다.

❷ 자동차가 멈춰있는 시간이 짧아 자동차 이동이 편리합니다.

❸ 횡단보도를 이용하여 이동하는 인구가 많을 경우 편리한 방법입니다.

❹ 자동차 이동이 많지 않은 경우 가장 좋은 방법입니다.

🍬 횡단보도 신호등의 신호 방법을 만들려고 자동차가 이동하는 90초 동안 멈췄다가 횡단보도로 이동할 수 있도록 프로그램을 코딩할 때 빈 공간에 들어갈 블록으로 옳은 것은 무엇입니까?

자유롭게 움직이는 무당벌레 만들기

Chapter 14

오늘의 놀이
✿ 이동 속도를 자유롭게 지정하는 방법에 대해 알아봅니다.
✿ 방향을 자유롭게 지정하는 방법에 대해 알아봅니다.

완성

핵심놀이 무작위수로 이동 및 방향 회전 등을 자유롭게 설정하기

오브젝트에서 방향을 회전하거나 이동 방향으로 움직이는 블록의 경우 입력값 부분에 (0 부터 10 사이의 무작위 수) 블록을 사용하면 회전 및 이동을 무작위수 블록의 입력값 범위 안에서 자유롭게 회전 및 이동할 수 있습니다.

▼ **참고 파일** : [Chapter14] 폴더의 '풍뎅이.ent'

[시작하기]를 클릭하면 풍뎅이가 5~10 사이 임의의 속도로 움직이면서 −10 ~ 10 사이 임의의 방향으로 회전하며, 화면끝에 닿으면 튕깁니다.

무당벌레 오브젝트의 모양 바꾸기

1 엔트리 계정에 **로그인**한 후 **▤·**–[오프라인에서 작품 불러오기] 메뉴를 통해 [Chapter14] 폴더의 '무당벌레.ent' 파일을 불러온 후 **무당벌레 오브젝트의 이동방향(0°)을 확인**합니다.

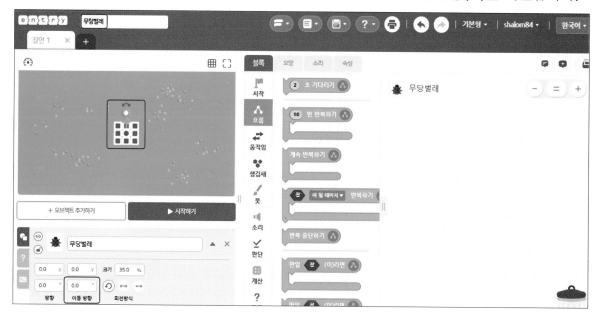

2 무당벌레 오브젝트의 [블록] 탭에서 [시작] 및 [흐름] 꾸러미를 이용하여 다음과 같이 **블록 조립소에 연결**한 후 **입력값(0.1)을 수정**합니다.

3 [생김새] 꾸러미의 다음▼ 모양으로 바꾸기 블록을 드래그하여 계속 반복하기 블록 안에 끼워넣습니다.

방향 및 이동의 무작위수 지정하기

① [움직임] 꾸러미의 `이동 방향으로 10 만큼 움직이기` 블록과 `화면 끝에 닿으면 튕기기` 블록, `방향을 90° 만큼 회전하기` 블록 등을 이용하여 다음과 같이 **블록 조립소에 연결**합니다.

② [계산] 꾸러미의 `0 부터 10 사이의 무작위수` 블록을 다음과 같이 `이동 방향으로 10 만큼 움직이기` 블록과 `방향을 90° 만큼 회전하기` 블록의 입력값 및 방향 위치에 끼워 넣고 무작위수의 값을 수정합니다.

③ 블록 코딩이 완성되면 **[시작하기]를 클릭**하여 무대 안에서 무당벌레가 자유롭게 이동 속도 및 방향을 움직이며, 모양이 계속 바뀌는지 확인합니다.

1 엔트리 프로그램에서 [Chapter14] 폴더의 '파리.ent' 파일을 열고 결과화면과 같이 무대를
완성한 후 실행해 보세요.

- 파리1 오브젝트 : [시작하기]를 클릭했을 때 0.1초 단위로 계속해서 모양이 바뀌며 이동 방향
  으로 2 ~10 사이의 속도로 움직이면서 화면 끝에 닿으면 튕깁니다. 이때 방향을 −15 ~ 15
  사이의 무작위 수 만큼 회전하도록 프로그램을 코딩합니다.
- 파리1 오브젝트의 프로그램 코딩을 완성한 후 복제하여 파리2, 파리3 등의 오브젝트를 만들어
  실행합니다.

[시작하기]를 눌렀을 때 파리1 ~ 파리3 오브젝트의 움직임

파리1 오브젝트의 프로그램 코딩을 완성한 후 복제하여 파리2, 파리3 오브젝트를 생성

용돈 사용 금액 그림으로 표시하기~*

🍬 시온이는 매달 부모님이 주시는 20,000원의 용돈을 필요한 곳에 사용하고 남은 금액을 꼭 저금통에 넣어 왔습니다. 그런데 요즘 저금통에 저금하는 양이 많이 줄어든 것 같아 매달 사용 금액이 어떻게 되는지 기록하기로 하고 사용 금액을 적어 보았습니다. 그런데 언제 금액을 많이 사용한 것인지 잘 알아볼 수 없네요. 누구나 알아보기 쉽게 그림으로 표시하면 좋겠죠?

> ※ 시온이의 월별 용돈 사용 금액
>
> 누적된 저금통 금액 : 35,400원
> 5월달 사용 금액 : 13,000원
> 6월달 사용 금액 : 16,500원
> 7월달 사용 금액 : 17,600원

※ 5/6/7월달 금액 그림으로 나타내기

5월달 사용 금액	6월달 사용 금액	7월달 사용 금액

🍬 시온이가 5월달 받은 용돈에서 사용 금액을 제외한 나머지 금액은 얼마일까요?

🍬 시온이의 8월 저금통에 누적된 금액은 얼마일까요?

Chapter 15

크리스마스캐롤 소리 연결하기

코딩놀이

오늘의 놀이
✿ 소리 파일을 추가하는 방법에 대해 알아봅니다.
✿ 소리와 관련된 블록의 사용 방법을 알아봅니다.

완성

핵심놀이 소리 파일 재생하기

엔트리에 소리 추가하기

▲ [소리] 탭에서 [소리 추가]를 클릭하면 제공하는 소리 파일 및 컴퓨터에 저장된 소리 파일을 업로드하여 사용할 수 있습니다.

소리와 관련된 주요 블록 알아보기

소리 종소리▼ 재생하기 🔊   선택한 소리를 재생하는 동시에 다음 블록을 실행합니다.

소리 종소리▼ 재생하고 기다리기 🔊   선택한 소리를 재생하고 소리 재생이 끝나면 다음 블록을 실행합니다.

소리파일 업로드 및 연결하기

1 엔트리 계정에 **로그인**한 후 [Chapter15] 폴더의 '크리스마스.ent' 파일을 불러온 다음
불 오브젝트의 [블록] 탭에서 블록 코드를 확인합니다.

2 배경 오브젝트의 [소리] 탭에서 [소리추가] 단추를 클릭합니다.

3 [소리 추가] 대화상자가 표시되면 [파일 업로드] 탭에서 **[파일추가]를 클릭**한 후 [열기]
대화상자에서 [Chapter15] 폴더의 **[캐롤1] 파일을 선택**한 다음 **[열기] 단추를 클릭**합니다.

④ [소리 추가] 대화상자에서 **추가한 소리(캐롤1) 파일을 선택**한 후 **[추가하기] 단추를 클릭**,
[소리] 탭의 소리 목록에 추가되었는지 확인합니다.

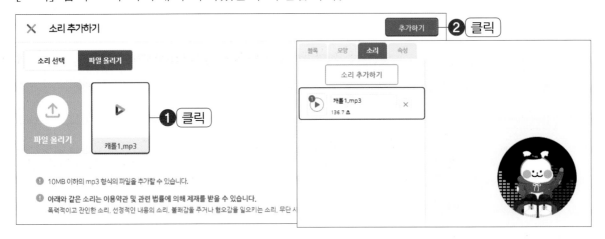

⑤ 배경 오브젝트의 [블록] 탭에서 [시작] 및 [흐름], [소리] 꾸러미 등을 이용하여 다음과
같이 **블록을 연결**합니다.

⑥ **[시작하기]를 클릭**한 후 불의 움직임 및 캐롤 소리가 재생되는지 확인합니다.

1 엔트리 프로그램에서 [Chapter15] 폴더의 '클래식.ent' 파일을 열고 결과화면과 같이 무대를 완성한 후 실행해 보세요.

- 소리막대 오브젝트 : [Chapter15] 폴더의 클래식1.mp3 파일을 업로드하여 소리 파일을 추가한 후 [시작하기]를 클릭했을 때 계속 반복하여 클래식 음악을 재생하면서 소리막대 모양이 다음 모양으로 반복하여 바뀌도록 설정합니다.

[시작하기]를 클릭했을 때 소리막대 오브젝트의 소리 재생 및 움직임

1 다음 중 아래의 블록 코딩을 실행하여 스페이스바(SpaceBar)를 눌렀을 때의 엔트리봇 오브젝트의 실행 결과로 옳은 것은 무엇일까요?

2 다음 중 아래의 블록 코딩을 실행하여 스페이스바(SpaceBar)를 눌렀을 때의 엔트리봇 오브젝트의 실행 결과로 옳지 않은 것은 무엇일까요?

3 무대 왼쪽 아래에 표시된 로켓에서 스페이스바(SpaceBar)를 눌렀을 때의 오른쪽 위에 위치한 지구쪽을 바라보며 2초 동안 지구 위치로 이동하는 블록 코딩으로 옳은 것은 무엇일까요?

4 엔트리 프로그램에서 [Chapter16] 폴더의 '동물농장.ent' 파일을 열고 결과화면과 같이 무대를 완성한 후 실행해 보세요.

- 부엉이 오브젝트 : 소리 추가([자연]−[부엉이 울음소리2]) 후 오브젝트를 클릭했을 때 부엉이 울음소리 재생과 함께 모양이 2번 반복하여 바뀌도록 설정합니다.

- 사자 오브젝트 : 소리 추가([자연]−[사자 울음소리]) 후 오브젝트를 클릭했을 때 사자의 울음소리 재생과 함께 모양이 2번 반복하여 바뀌도록 설정합니다.

- 닭 오브젝트 : 소리 추가([자연]−[닭 꼬끼오 울음소리]) 후 오브젝트를 클릭했을 때 닭의 울음소리 재생과 함께 모양이 2번 반복하여 바뀌도록 설정합니다.

- 병아리 오브젝트 : 소리 추가([자연]−[병아리 울음소리]) 후 오브젝트를 클릭했을 때 병아리의 울음소리 재생과 함께 모양이 2번 반복하여 바뀌도록 설정합니다.

- 강아지 오브젝트 : 소리 추가([자연]−[강아지 짖는소리]) 후 오브젝트를 클릭했을 때 강아지 짖는소리 재생과 함께 모양이 2번 반복하여 바뀌도록 설정합니다.

- 고양이 오브젝트 : 소리 추가([자연]−[고양이 울음소리2]) 후 오브젝트를 클릭했을 때 고양이 울음소리 재생과 함께 모양이 2번 반복하여 바뀌도록 설정합니다.

특정 동물 오브젝트를 클릭했을 때 소리 재생 및 움직임

▲ 부엉이 오브젝트의 코딩을 완성한 후 복사하여 다른 오브젝트에 사용하면 쉽게 완성할 수 있습니다.

17 맛있는 꼬치 요리 만들기~*

시온이가 부모님과 야외로 캠핑을 나왔습니다. 기다란 바비큐 꼬치에 영양도 풍부한 재료들을 끼워 맛있는 꼬치 요리를 만들려고 합니다. 아버지는 육류의 고기와 야채가 순서대로 연결된 꼬치를 좋아하시고 어머니는 해산물과 과일이 순서대로 연결된 꼬치를 좋아하십니다. 하지만 저는 야채를 좋아하지 않아 과일과 고기를 가공한 식품이 순서대로 들어간 꼬치를 가장 좋아한답니다.

[캠핑장에 가져온 꼬치 재료]

닭고기	방울토마토(과일)	대파	새우살
파인애플	딸기	햄	소세지
아보카도(과일)	버섯	돼지고기	당근

▶ 아버지가 좋아하는 꼬치 재료에 포함되지 않는 것은 무엇인가요?

(가) 대파   (나) 당근   (다) 새우살   (라) 피망

▶ 어머니가 좋아하는 꼬치 재료에 포함되지 않는 것은 무엇인가요?

(가) 방울토마토   (나) 파인애플   (다) 소세지   (라) 아보카도

▶ 내가 좋아하는 꼬치 요리가 아닌 것은 무엇인가요?

(가)

(나)

(다)

코딩놀이

조건선택 알아보기

Chapter 17

오늘의 놀이
* 조건선택의 정의에 대해 알아봅니다.
* 조건선택의 사용 방법을 알아봅니다.

완성

핵심놀이 **조건선택 알고리즘**

조건선택 알고리즘이란 반복구조와 같은 알고리즘을 만드는 원리 중 하나로, 제시된 상황이나 조건에 따라 다른 결과를 선택하게 되는 알고리즘 구조를 말합니다. 기본적으로 '만약, ~라면 ~이다'라는 형태로 표현할 수 있는데 예를 들어 집에서 학교로 등교할 때 밖의 상황에 따라 현관 앞에서 만약, 밖에 비가 온다면(조건), 우산을 챙겨 학교에간다.(선택1), 그냥 학교에간다(선택2) 등으로 만들 수 있을 것입니다.

조건선택 알고리즘 ▶

조건선택 연습하기

1 인터넷에서 **주소(http://code.org)를 입력**하여 이동한 후 **[학생들]을 클릭**합니다.

2 code.org 사이트의 학생들 화면으로 이동되면 **[과정D]를 클릭**합니다.

3 [과정D] 화면이 표시되면 조건 항목의 **["If/Else"와 벌]의 2단계를 클릭**합니다.

④ 보기 화면 및 블록 코딩 내용 그리고 소개 항복의 분제 내용을 참고하여 **정답(B)를 선택**한 후 **[실행] 단추를 클릭**합니다.

⑤ 1번 퍼즐이 해결되었다는 메시지가 표시되면 **[계속]을 클릭**합니다.

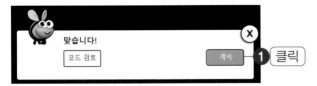

⑥ 같은 방법으로 2단계에서 13단계까지 조건선택 블록을 연습합니다.

TIP

"If/Else"와 벌 정답 확인하기

"If/Else"와 벌 항목은 조건선택 블록의 연습단계로 [Chapter17] 폴더를 참고하면 정답 내용을 확인할 수 있습니다.

1 꿀벌이 꽃으로 이동하여 자주색 꽃에서 꿀을 얻을 때 꽃꿀의 양이 1이라면 꿀을 모으는 프로그램 코딩으로 옳은 것은 무엇입니까?

❶ 실행하면
만약 꽃꿀의 양▼ =▼ 0
실행 꽃꿀 얻기
앞으로 이동

❷ 실행하면
만약 꽃꿀의 양▼ =▼ 1
실행 꽃꿀 얻기
앞으로 이동

❸ 실행하면
앞으로 이동
만약 꽃꿀의 양▼ =▼ 0
실행 꽃꿀 얻기

❹ 실행하면
앞으로 이동
만약 꽃꿀의 양▼ =▼ 1
실행 꽃꿀 얻기

2 꿀벌이 꽃으로 이동하여 자주색 꽃에서 꿀을 얻을 때 꽃꿀의 양이 1이라면 꿀을 모으는 프로그램 코딩으로 옳은 것은 무엇입니까?

❶ 실행하면
반복 2 번
실행 앞으로 이동
만약 꽃꿀의 양▼ =▼ 1
실행 꽃꿀 얻기

❷ 실행하면
반복 2 번
실행 앞으로 이동
만약 꽃꿀의 양▼ =▼ 1
실행 꽃꿀 얻기

❸ 실행하면
만약 꽃꿀의 양▼ =▼ 0
실행 꽃꿀 얻기
반복 2 번
실행 앞으로 이동

❹ 실행하면
반복 2 번
실행 앞으로 이동
만약 꽃꿀의 양▼ =▼ 0
실행 꽃꿀 얻기

추상화

원통안에 담겨진 물건찾기~*

시온이는 항상 정리를 잘해 부모님께 칭찬을 받습니다. 오늘도 가지고 놀던 장난감을 원통으로 된 정리 도구에 담아 정리를 하려고 하는데 먼저 빈통에 원목으로 된 자동차를 담고 그 다음으로 플라스틱 변신 로봇을 담았으며, 이후 토끼 인형을 담았다고 합니다. 마지막으로 남은 고무공을 담고 위쪽 통의 뚜껑을 닫아 두었습니다.

🍬 시온이가 정리한 원통은 뚜껑이 위쪽과 아래쪽 모두 열리는 정리 도구라고 합니다.

▷ 시온이가 고무공을 꺼내기 가장 좋은 방법은 어떤 방법일까요?

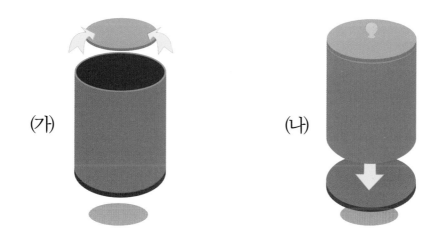

(가)   (나)

▷ 시온이가 원목 자동차를 꺼내기 가장 좋은 방법은 어떤 방법일까요?

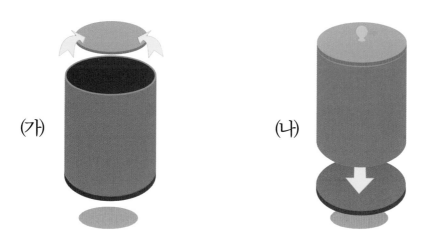

(가)   (나)

▷ 시온이가 위쪽 뚜껑을 열었을 때 플라스틱 변신 로봇을 꺼내려면 위쪽에 위치한 물건을 몇 번 꺼내야 할까요?

Chapter 18

고궁의 야경 만들기

오늘의 놀이
⚙ 조건선택 블록의 사용 방법에 대해 알아봅니다.
⚙ 마우스를 클릭했을 때 조건의 사용법을 알아봅니다.

완성

핵심놀이 조건선택을 이용한 모양 변경하기

조건선택의 경우 [흐름] 꾸러미에서 조건선택에 관련된 블록을 연결한 후 조건
(참) 안에 [판단] 꾸러미에서 조건으로 사용할 블록을 끼워 넣어 만듭니다.

샘플예제 : [Chapter18] 폴더의 조건선택.ent

처음 [시작하기]를 클릭했을 때 오브젝트의 모양이
아귀1 모양에서 만약, 마우스를 클릭했다면 오브젝트
의 모양을 아귀2 모양으로 2초간 바꿉니다.

▲ [시작하기]를 클릭한 후 무대 안에서 마우스를 클릭했을 때 오브젝트의 모양이 2초간 바뀝니다.

마우스를 클릭할 때 배경 바꾸기

1 엔트리 계정에 **로그인**한 후 📄▾-[오프라인에서 작품 불러오기] 메뉴를 통해 [Chapter18] 폴더의 '낮과밤.ent' 파일을 불러온 후 **배경 오브젝트의 [모양] 탭에서 모양을 확인**합니다.

2 배경 오브젝트의 [블록] 탭에서 [시작] 및 [흐름], [생김새] 꾸러미 등을 이용하여 다음과 같이 **블록 조립소에 블록을 연결**합니다.

3 마우스를 클릭했을 때의 조건을 만들기 위해 [흐름] 꾸러미에서 `만일 참 (이)라면` 블록을 드래그하여 `계속 반복하기` 블록 안쪽의 아래 부분에 끼워넣습니다.

4 [판단] 꾸러미의 〈마우스를 클릭했는가?〉 블록을 드래그하여 [만일 〈참〉 (이)라면] 블록의 조건 부분에 끼워 넣어 [만일 〈마우스를 클릭했는가?〉 (이)라면] 블록으로 만듭니다.

5 [생김새] 및 [흐름] 꾸러미를 이용하여 밤의 꺼짐 배경으로 바뀐 다음 5초를 기다리고 밤의 켜짐 배경으로 바뀐 상태에서 5초간 기다리도록 블록을 연결합니다.

6 [시작하기]를 클릭한 후 낮의 배경에서 무대 배경을 마우스로 클릭하면 어두운 밤으로 5 초간 바뀐 후 불이 켜진 상태에서 또 다시 5초를 기다린 다음 다시 낮으로 바뀝니다.

1 다음 중 아래 보기의 블록 묶음에 대한 설명으로 옳은 것은 무엇일까요?

❶ 무대에 '마우스를 클릭했는가?' 내용을 그리고 마우스를 클릭하면 그림 그리기를 멈춥니다.

❷ 만약, 마우스를 클릭했다면 그림 그리기를 멈추고 그렇지 않으면 그림을 그립니다.

❸ 만약, 마우스를 클릭했다면 그림을 그리고 그렇지 않으면 그림 그리기를 멈춥니다.

❹ 무대에 '마우스를 클릭했는가?' 내용을 무대에 그린 후 끝나면 그리기를 멈춥니다.

2 엔트리 프로그램에서 [Chapter18] 폴더의 '길찾기.ent' 파일을 열고 결과화면과 같이 무대를 완성한 후 실행해 보세요.

• 배경 오브젝트 : [시작하기]를 클릭했을 때 무대의 배경으로 미로1 모양을 표시합니다. 만약, 무대의 배경을 클릭했을 경우 미로2 모양을 배경으로 2초간 바꾸었다가 다시 원래의 미로1 모양을 배경으로 표시합니다.

[시작하기]를 클릭한 후 무대 배경을 클릭했을 때의 상황

▲ 무대의 배경을 클릭했을 경우 배경으로 미로2 모양을 2초간 표시한 다음 다시 원래의 미로1 배경으로 다시 표시합니다.

창의놀이

규칙 찾아내기~*

패턴화

아래 패턴 규칙을 보고 (가)와 (나)에 들어갈 무늬를 맞춰 보세요.

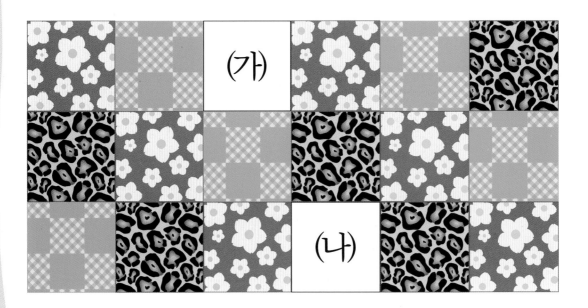

▶ (가)에 들어갈 수 있는 패턴은 무엇입니까?

(1)　　　　　　　(2)　　　　　　　(3)

▶ (나)에 들어갈 수 있는 패턴은 무엇입니까?

(1)　　　　　　　(2)　　　　　　　(3)

아래 패턴 규칙을 보고 (가)와 (나)에 들어갈 무늬를 맞춰 보세요.

▶ (가)에 들어갈 수 있는 패턴은 무엇입니까?

(1)

(2)

(3)

▶ (나)에 들어갈 수 있는 패턴은 무엇입니까?

(1)

(2)

(3)

조건에 따른 로봇청소기 멈추기

오늘의 놀이
⚙ 조건선택 블록의 사용 방법에 대해 알아봅니다.
⚙ 특정 오브젝트에 닿았을 경우 조건의 사용법을 알아봅니다.

완성

핵심놀이 　**특정 오브젝트에 닿았을 때의 조건 만들기**

조건선택의 경우 [흐름] 꾸러미에서 조건선택에 관련된 블록을 연결한 후 조건 (참) 안에 [판단] 꾸러미에서 조건으로 사용할 블록을 끼워 넣어 만듭니다.

특정 오브젝트에 닿았을 경우의 조건을 만들기 위해서는 [흐름] 꾸러미의 만일 참 (이)라면 블록의 조건(참)에 [판단] 꾸러미의 마우스포인터 에 닿았는가? 블록을 끼워 넣은 후 목록 단추(▼)를 눌러 원하는 오브젝트를 선택하여 만들 수 있습니다.

 ◀ 오브젝트 목록에 포함된 오브젝트의 이름 및 마우스 포인터와 벽에 관련된 메뉴가 목록으로 표시됩니다.

소파에 닿았을 때 청소기 멈춤 만들기

1 엔트리 계정에 로그인한 후 🗐·–[오프라인에서 작품 불러오기] 메뉴를 통해 [Chapter19] 폴더의 '청소.ent' 파일을 불러옵니다.

2 청소기 오브젝트의 [블록] 탭에서 [시작] 및 [흐름], [움직임] 꾸러미 등을 이용하여 다음과 같이 **블록 조립소에 블록을 연결**합니다.

3 [계산] 꾸러미에서 `0 부터 10 사이의 무작위 수` 블록을 드래그하여 `이동 방향을 90° 만큼 회전하기` 블록의 입력값 안에 끼워 넣고 `0 부터 10 사이의 무작위 수` 블록의 입력값(-5, 5)을 수정합니다.

④ [흐름] 꾸러미의 만일 참 (이)라면 블록을 드래그하여 블록 조립소의 계속 반복하기 블록 안에서
아래쪽에 연결한 후 [판단] 꾸러미의 마우스포인터▼ 에 닿았는가? 블록을 조건(참)에 끼워 넣은 다음
목록 단추(▼)를 눌러 [소파]를 선택, 만일 소파▼ 에 닿았는가? (이)라면 블록으로 수정합니다.

⑤ [흐름] 꾸러미의 모든▼ 코드 멈추기 블록을 만일 소파▼ 에 닿았는가? (이)라면 블록 안에 끼워넣어 소파에
닿았을 경우 모든 프로그램 코딩이 멈추도록 연결합니다.

⑥ [시작하기]를 클릭하면 청소기가 자유롭게 움직이며 만약, 소파에 닿았을 경우 프로그램
코딩이 멈추는 것을 확인할 수 있습니다.

1 엔트리 프로그램에서 [Chapter19] 폴더의 '미로통과.ent' 파일을 열고 결과화면과 같이 무대를 완성한 후 실행해 보세요.

- 공 오브젝트 : [시작하기]를 클릭했을 때 계속 반복하여 마우스포인터쪽을 바라보며 이동 방향으로 2만큼씩 움직입니다. 공이 만약, 미로에 닿았을 경우 처음 시작 위치로 다시 이동하고 깃발 오브젝트에 닿았을 경우 모든 프로그램 코드를 멈추도록 설정합니다.

[시작하기]를 클릭했을 때 공 오브젝트의 움직임에 따른 상황

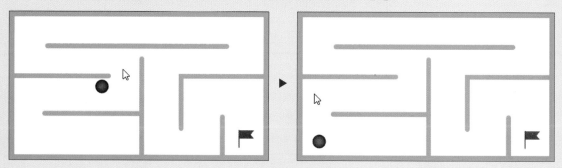

▲ 마우스포인터를 따라다니는 공이 미로에 닿았을 경우 다시 처음 위치로 이동합니다.

▲ 마우스포인터를 따라다니는 공이 깃발에 닿았을 경우 프로그램 코딩을 모두 멈춥니다.

▲ `x: -200 y: -100 위치로 이동하기` 블록은 공의 처음 위치를 나타내며,
`모든 코드 멈추기` 블록은 모든 코드를 멈추게 하여 게임을 종료합니다.

숫자 패턴 만들기~*

🍬 아래쪽 보기의 그림에서 규칙을 발견하고 (가)와 (나)에 들어갈 그림을 맞춰 보세요.

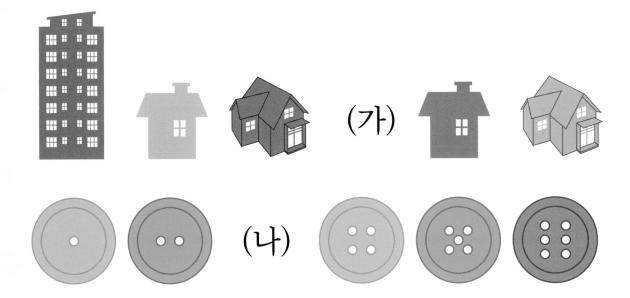

▶ (가)에 들어갈 그림은 무엇입니까?

▶ (나)에 들어갈 그림은 무엇입니까?

아래쪽 보기의 그림에서 규칙을 발견하고 (가)와 (나)에 들어갈 숫자를 맞춰 보세요.

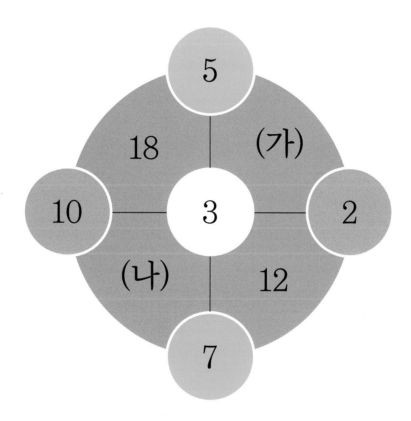

▶ (가)에 들어갈 숫자는 무엇입니까?

▶ (나)에 들어갈 숫자는 무엇입니까?

코딩놀이

신호를 이용한 자동차 멈춤 만들기

Chapter 20

오늘의 놀이
- 🔧 신호의 기능에 대해 알아봅니다.
- 🔧 신호를 이용한 블록의 사용법에 대해 알아봅니다.

완성

핵심놀이 │ 신호 기능 살펴보기

신호란 하나의 오브젝트를 다른 오브젝트와 서로 연결하여 상호 작용할 수 있도록 도와주는 역할을 합니다. 예를 들어 게임기에서 방향키를 누르면 게임에 나오는 오브젝트가 해당 방향으로 움직이도록 도와주는 신호를 생성하는 것을 의미합니다.

신호 생성은 [속성] 탭에서 [신호] 단추를 클릭한 후 [신호 추가]를 누르고 신호 이름을 입력하여 생성합니다.

생성된 신호는 [블록] 탭의 [시작] 꾸러미로 이동하면 관련된 블록을 확인할 수 있습니다.

◀ **참고 파일** : [Chapter20] 폴더의 '신호만들기.ent'

멈춤 신호 만든 후 버튼에서 멈춤 신호 보내기

1 엔트리 계정에 로그인한 후 [Chapter20] 폴더의 '신호.ent' 파일을 불러온 후 **스포츠카** 오브젝트의 [블록] 탭에서 블록 코딩 내용을 확인합니다.

> **TIP**
>
> ### 스포츠카 오브젝트의 블록 설명
> [시작하기]를 클릭했을 때 계속 반복하여 이동 방향으로 10만큼씩 이동, 화면 끝에 닿으면 튕기도록 설정하여 무대 화면 안에서 스포츠카를 좌우로 이동하도록 설정한 코딩입니다.

2 [속성] 탭의 [신호]를 클릭한 후 **[신호 추가]**를 클릭하여 새로운 신호가 생성되면 신호 이름(멈춤)을 입력한 다음 Enter를 눌러 멈춤 신호를 생성합니다.

3 버튼 오브젝트의 [블록] 탭에서 [시작] 꾸러미를 클릭, `오브젝트를 클릭했을 때` **블록과** `멈춤 ▼ 신호 보내기` 블록을 블록 조립소로 드래그하여 서로 연결합니다.

스포츠카에서 멈춤 신호를 받았을 때 상황 만들기

1 스포츠카 오브젝트의 [블록] 탭에서 [시작] 꾸러미의 `멈춤▼ 신호를 받았을 때` 블록을 드래그하여 블록 조립소로 이동합니다.

2 [흐름] 꾸러미의 `모든▼ 코드 멈추기` 블록을 드래그하여 블록 조립소의 `멈춤▼ 신호를 받았을 때` 블록과 서로 연결합니다.

3 블록 코딩이 완성되면 **[시작하기]를 클릭**한 후 좌우로 움직이는 스포츠카를 확인, 마우스를 이용하여 버튼을 클릭하면 스포츠카가 멈추는지 확인합니다.

1 엔트리 프로그램에서 [Chapter20] 폴더의 '리모콘.ent' 파일을 열고 결과화면과 같이 무대를 완성한 후 실행해 보세요.

• 신호 생성 : 리모콘작동 신호를 생성합니다.

• 리모콘 오브젝트 : 오브젝트를 클릭했을 때 리모콘작동 신호를 보냅니다.

• TV 오브젝트 : 리모콘작동 신호를 받았을 때 TV 모니터 모양이 켜진 상태에서는 꺼진 상태로, 꺼진 상태에서는 켜진 상태로 바꾸어 표시합니다.

◀ 리모콘작동 신호를 생성합니다.

[시작하기]를 클릭한 후 리모콘 오브젝트를 클릭했을 때의 상황

 ▶

▲ TV 화면이 켜진 상태에서 리모콘을 클릭하면 TV 화면이 꺼집니다.

 ▶

▲ TV 화면이 꺼진 상태에서 리모콘을 클릭하면 TV 화면이 켜집니다.

침입자를 막아라~*

살기좋은 개미마을에 물건을 빼앗아 가는 베짱이들이 침입했다고 합니다. 빨리 무기를 가지고 침입을 못하도록 막아야 하는데 베짱이들이 워낙 힘이세서 창과 방패, 투구를 써야 안전하게 싸울 수 있다고 합니다. 개미 친구들이 무기방에서 빨리 무기를 찾아 베짱이들이 침입하지 못하도록 막을 수 있도록 해야겠네요~^^

🍬 무기방에 들어간 개미가 창과 방패, 투구를 갖추고 개미집을 방어할 수 있도록하기 위해 그림의 빈 칸 방에 들어갈 명령을 넣어 주세요.

▶ (가) 위치의 개미가 개미집을 빠져 나올때 무기를 모두 갖추고 나올 수 있도록 명령어 블록의 순서로 적어 주세요.

(가) ➡ [   ] ➡ [   ] ➡ [   ]

코딩놀이

신호를 이용한
신호등 만들기

오늘의 놀이
- ✿ 신호의 기능에 대해 알아봅니다.
- ✿ 신호를 이용한 블록의 사용법에 대해 알아봅니다.

완성

핵심놀이 신호등의 원리 살펴보기

자동차 신호등은 차량의 이동이 가능한 초록불과 멈춰야 하는 빨간불이 있으며, 초록불에서 빨간불로 전환되기 전에 잠시 지연 시간을 위해 노란불을 표시합니다. 그 이유는 초록불 신호에 교차로 안으로 들어선 차량이 지나갈 시간을 주기 위함이며, 빨간불 신호에서는 노란불을 표시하지 않고 바로 초록불로 바뀝니다.

▲ 초록불에서 빨간불로 바뀌는 상황

▲ 빨간불에서 초록불로 바뀌는 상황

신호 생성 후 초록 및 빨강 신호 연결하기

1 엔트리 계정에 로그인한 후 [Chapter21] 폴더의 '신호등.ent' 파일을 불러옵니다.

[속성] 탭에서 [신호]를 클릭한 후 [신호 추가]를 클릭, 새로운 신호가 생성되면 **신호 이름
(빨강)을 입력**한 다음 Enter를 누릅니다. 같은 방법으로 **'초록' 신호를 생성**합니다.

2 초록버튼 오브젝트의 [블록] 탭에서 [시작] 꾸러미의 `오브젝트를 클릭했을 때` 블록과 `초록▼ 신호 보내기`
블록을 드래그하여 블록 조립소에 서로 연결합니다.

3 빨간버튼 오브젝트의 [블록] 탭에서 [시작] 꾸러미의 `오브젝트를 클릭했을 때` 블록과 `빨강▼ 신호 보내기`
블록을 드래그하여 블록 조립소에 서로 연결한 후 **신호 이름(빨강)을 수정**합니다.

신호등 오브젝트에서 신호에 따른 상황 만들기

1 신호등 오브젝트의 [블록] 탭에서 [시작] 및 [흐름], [생김새] 꾸러미 등을 이용하여 다음과 같이 블록을 연결, 초록 신호를 받았을 때 1초 동안 기다린 후 초록불로 바뀌도록 코딩합니다.

2 같은 방법으로 [시작] 및 [생김새], [흐름] 꾸러미 등을 이용하여 다음과 같이 블록을 연결, 빨강 신호를 받았을 때 노란불이 1초 동안 켜진 후 빨간불로 바뀌도록 코딩합니다.

모양 선택 방법 ▶

3 블록 코딩이 완성되면 [시작하기]를 클릭한 후 빨간버튼을 클릭하면 빨간불, 초록버튼을 클릭하면 초록불로 바뀌는지 확인합니다.

1 엔트리 프로그램에서 [Chapter21] 폴더의 '자동차.ent' 파일을 열고 결과화면과 같이 무대를 완성한 후 실행해 보세요.

- 신호 생성 : 출발 및 정지 신호를 생성합니다.
- 정지버튼 오브젝트 : 오브젝트를 클릭했을 때 정지 신호를 보냅니다.
- 출발버튼 오브젝트 : 오브젝트를 클릭했을 때 출발 신호를 보냅니다.
- 경찰차 오브젝트 : 출발 신호를 받았을 때 계속 반복하여 이동 방향으로 10만큼 이동하며, 화면 끝에 닿으면 튕깁니다. 정지 신호를 받았을 때는 모두 코드를 멈춥니다.

◀ 출발 및 정지 신호를 생성합니다.

[시작하기]를 클릭한 후 출발 및 정지 버튼을 눌렀을 때의 상황

반복 알고리즘

개미굴 확장을 위한 수레 만들기~*

개미마을에 인구가 늘어 개미집과 생활 공간이 많이 필요하게 되었습니다. 그러려면 땅을 파낸 흙을 밖으로 배출해야 하는데 필요한 수레가 많지 않네요~ 수레를 만들기 위해서는 4개의 바퀴를 상자에 끼워 만들어야 한다고 합니다. 수레를 만들기 위한 작업방에서 튼튼한 수레를 만들어 볼까요?

작업장에 들어간 개미는 바퀴가 너무 무거워 1개씩밖에 끼울 수 없다고 합니다. 작업방에서 개미가 바퀴를 끼워 수레를 완성 하도록 명령어를 넣어 주세요.

(가)

조립

바퀴

완성

(가)
바퀴를 잡는다
상자에 바퀴를 끼운다

▶ 튼튼한 수레를 만들기 위해 (가)에 들어갈 명령어로 옳은 것은 무엇입니까?

❶ [2번 반복하기]

❷ [3번 반복하기]

❸ [4번 반복하기]

❹ [5번 반복하기]

Chapter 22

코딩놀이

묻고 대답하기로 대화 나누기

오늘의 놀이
- ✿ 묻고 대답하기의 기능에 대해 알아봅니다.
- ✿ 문자 합치기를 이용한 블록의 사용법에 대해 알아봅니다.

완성

핵심놀이 묻고 대답하기 및 문자와 문자 합치기 블록 살펴보기

묻고 대답하기

[자료] 꾸러미에서 제공하는 안녕! 을(를) 묻고 대답 기다리기 블록은 풍선말을 통해 컴퓨터 사용자에게 묻고 해당 대답을 대답 블록에 기억하고 있다가 기억된 대답을 필요로 하는 다양한 블록과 서로 연결하여 사용할 수 있도록 제공합니다.

[자료] 꾸러미의 안녕! 을(를) 묻고 대답 기다리기 블록을 사용할 경우 무대 화면에 대답 0 을 통해 대답의 내용을 표시하는데, 이 때 대답 숨기기▼ 블록을 사용하면 무대에 표시되는 대답 내용을 표시(대답 보이기▼) 또는 숨기기(대답 숨기기▼)할 수 있습니다.

문자와 문자 합치기

[계산] 꾸러미에서 제공하는 안녕! 과(와) 엔트리 를 합치기 블록은 문자와 문자를 합치는 블록으로 첫 번째 문자(안녕!)와 두 번째 문자(엔트리)를 합치는 블록입니다. 또한 첫 번째 및 두 번째에 들어갈 문자 영역에는 [계산] 및 [자료] 꾸러미 등에서 제공하는 동그란 모양의 블록 등을 끼워 넣어 다양한 명령어 조합으로도 사용할 수 있습니다.

묻고 대답하기 및 문자 합치기 사용하기

1 엔트리 계정에 로그인한 후 [Chapter22] 폴더의 '출석.ent' 파일을 불러옵니다.

다람쥐 오브젝트의 [블록] 탭에서 [시작] 꾸러미의 [시작하기 버튼을 클릭했을 때] 블록을 드래그하여 블록 조립소에 연결합니다.

2 [자료] 꾸러미의 [대답 숨기기▼] 블록과 [안녕! 을(를) 묻고 대답 기다리기] 블록을 드래그하여 블록 조립소의 [시작하기 버튼을 클릭했을 때] 블록 아래에 연결한 후 내용(이름을 적어주세요!)을 수정합니다.

3 [생김새] 꾸러미의 [안녕! 을(를) 4 초 동안 말하기▼] 블록을 드래그하여 [이름을 적어주세요. 을(를) 묻고 대답 기다리기] 블록 아래에 연결합니다.

④ [계산] 꾸러미의 `안녕! 과(와) 엔트리 를 합치기` 블록을 드래그하여 `안녕! 을(를) 4 초 동안 말하기▼` 블록의 내용 부분(`안녕!`)에 끼워 넣어 `안녕! 과(와) 엔트리 를 합치기 을(를) 4 초 동안 말하기▼` 블록으로 만듭니다.

⑤ [자료] 꾸러미의 `대답` 블록을 드래그하여 `안녕! 과(와) 엔트리 를 합치기 을(를) 4 초 동안 말하기▼` 블록의 첫 번째 내용 부분(`안녕!`)에 끼워 넣고 두 번째 내용(님 안녕하세요.)을 수정하여 `대답 과(와) 님 안녕하세요. 를 합치기 을(를) 4 초 동안 말하기▼` 블록으로 만듭니다.

⑥ **[시작하기]를 클릭**하면 다람쥐 오브젝트가 이름을 적어달라는 풍선 메시지와 함께 텍스트 상자가 표시되며, 이름(홍길동)을 입력한 후 Enter를 누르면 본인의 이름과 함께 인사 내용이 풍선 메시지로 표시됩니다.

▲ 입력한 내용은 `대답` 블록에 기록되며, 텍스트 상자의 위치는 변경할 수 없습니다.

1 다음 중 아래 보기의 블록을 통해 사용자에게 묻고 입력된 내용을 저장하는 블록으로 옳은 것은 무엇일까요?

❶ 안녕! 과(와) 엔트리 를 합치기

❷ q ▼ 키가 눌러져 있는가?

❸ 대답

❹ 0 부터 10 사이의 무작위 수

2 엔트리 프로그램에서 [Chapter22] 폴더의 '요리사.ent' 파일을 열고 결과화면과 같이 무대를 완성한 후 실행해 보세요.

• 요리사 오브젝트 : [시작하기]를 클릭했을 때 안녕! 을(를) 묻고 대답 기다리기 블록을 이용하여 좋아하는 음식이 무엇인지 물어보고 해당 답변을 이용하여 아래쪽 결과 화면과 같이 표시합니다.

[시작하기]를 클릭한 후 음식 이름을 입력했을 때 결과 화면

▲ [시작하기]를 클릭한 후 안녕! 을(를) 묻고 대답 기다리기 블록을 통한 입력 및 결과 화면

창의놀이

조건 알고리즘

여왕개미와 알을 안전하게 대피시키기~*

개미마을에 장마로 물이 불어나 빨리 다른 집으로 대피를 해야한다고 합니다. 그런데 여왕개미님의 알방에 알들이 아직도 그대로 있다고 하네요~ 빨리 안전한 방으로 대피를 시켜야 하는데 일꾼 개미들이 안전하게 알들을 대피시킬 수 있도록 도와주세요.

🍬 개미마을로 물이 들어올 것 같습니다. 시간이 없군요~ 일꾼 개미들이 알들을 안전한 곳으로 대피시켜야 하는데 일꾼 개미 한 마리당 알을 4개씩 밖에 못 옮긴다고 합니다. 또한 일꾼 개미들이 숫자를 셀 수 없어 중간에 관리자 개미를 두어 4개씩 넣었는지 검사해야 한다고 합니다. 관리자 개미가 잘 검사 할 수 있도록 명령어를 연결해 주세요.

(가)

예　　　　아니오

만약 (가) 이라면
새로운 방으로 알을 옮긴다

▶ 관리자 개미가 수레에 알이 정확하게 들어갔는지 알 수 있도록 (가)에 들어갈 명령어로 옳은 것은 무엇입니까?

❶ [알을 4개 넣었습니까?]

❷ [알을 3개 넣었습니까?]

❸ [알을 5개 넣었습니까?]

코딩놀이

비밀번호를 이용한 보물상자 열기

오늘의 놀이
✿ 묻고 대답하기 블록의 사용법을 알아봅니다.
✿ 조건을 이용한 대답과의 비교 방법에 대해 알아봅니다.

완성

핵심놀이 비밀번호를 이용하여 열 수 있는 보물상자 만들기

엔트리에서 블록을 이용하여 프로그램을 코딩할 때 사용자에게 비밀번호를 요구하기 위해서 필요한 블록은 어떤 것이 있을까요?

그렇다면 사용자가 기록한 비밀번호와 실제 비밀번호를 서로 비교하기 위해서는 어떤 블록을 사용하면 좋을까요?

묻고 대답하기 및 조건을 이용한 대답과 비교하기

1 엔트리 계정에 로그인한 후 [Chapter23] 폴더의 '보물상자.ent' 파일을 불러와 **보물상자 오브젝트의 [모양] 탭에서 모양을 확인**합니다.

2 [블록] 탭에서 [시작] 및 [생김새], [흐름], [자료] 꾸러미 등을 이용하여 다음과 같이 블록 조립소에 블록을 연결합니다.

▲ [시작하기]를 클릭했을 때 보물상자를 닫힘 모양으로 바꾸고 무대에서 [대답] 모양을 숨깁니다. 또한 계속 반복해서 '비밀번호를 입력하시오(4자리)' 풍선말을 표시한 후 대답을 기다립니다.

3 [흐름] 및 [판단] 꾸러미를 이용하여 **만일 참 (이)라면** 블록에 **10 = 10** 블록을 끼워 넣고 첫 번째 입력값(1234)을 수정하여 **만일 1234 = 10 (이)라면** 블록으로 만듭니다.

④ [자료] 꾸러미의 `대답` 블록을 드래그하여 `만일 1234 = 10 (이)라면` 블록의 두 번째 내용(10) 부분에 끼워 넣어 `만일 1234 = 대답 (이)라면` 블록으로 만듭니다.

⑤ [생김새] 꾸러미의 `닫힘▼ 모양으로 바꾸기` 블록과 [흐름] 꾸러미의 `모든▼ 코드 멈추기` 블록을 블록 조립소에 연결된 `만일 1234 = 대답 (이)라면` 블록 안에 끼워넣습니다.

▲ [열림] 모양 선택 방법

⑥ **[시작하기]를 클릭**하면 보물상자에서 비밀번호를 입력하라는 풍선말이 표시되며, 아래쪽에 표시된 텍스트 상자에서 비밀번호(1234)를 입력하면 보물상자가 열리고 비밀번호가 틀린 경우 계속해서 비밀번호를 입력하라는 풍선말과 함께 보물상자가 닫힌 모양으로 표시됩니다.

연습해 보세요

1 엔트리 프로그램에서 [Chapter23] 폴더의 '소방서.ent' 파일을 열고 결과화면과 같이 무대를 완성한 후 실행해 보세요.

- 출입문 오브젝트 : [시작하기]를 클릭했을 때 〔안녕! 〕 을(를) 묻고 대답 기다리기 블록을 이용하여 화재신고 전화번호를 묻고 화재신고 전화번호 119와 번호가 같으면 출입문이 열리는 모양(출입문2)으로 표시합니다.

[시작하기]를 클릭한 후 입력값에 따른 상황

▲ 입력값으로 119 이외의 다른 값을 입력한 경우의 결과화면

▲ 입력값으로 119를 입력했을 경우의 결과화면

1 아래 그림과 같이 엔트리봇 오브젝트가 빨간 자동차와 닿았을 때 엔트리 오브젝트의 블록 조립소에 연결된 블록의 실행 결과로 옳은 것은 무엇일까요?

❶ 빨간 자동차가 '안녕하세요.'를 4초 동안 말합니다.

❷ 빨간 자동차가 '안녕히가세요.'를 4초 동안 말합니다.

❸ 엔트리가 '안녕하세요.'를 4초 동안 말합니다.

❹ 엔트리가 '안녕히가세요.'를 4초 동안 말합니다.

2 빨간주머니 안에 10이 들어있고 파란주머니 안에 20이 들어있을 때 아래 보기와 같이 블록을 연결하고 실행했다면 결과로 옳은 것은 무엇일까요?

❶ 조건에 모두 만족하지 않기 때문에 아무것도 실행하지 않고 다음 블록으로 넘어갑니다.

❷ '파란주머니값이 큽니다.'를 4초 동안 말합니다.

❸ '빨간주머니값이 큽니다'를 4초 동안 말합니다.

❹ '파란주머니값이 큽니다.'를 4초 동안 말한 후 '빨간주머니값이 큽니다'를 4초 동안 말합니다.

3 [속성] 탭의 [신호]를 클릭한 후 [신호 추가]를 이용하여 [발사] 신호를 생성했을 때 [블록] 탭의 [시작] 꾸러미에서 관련된 블록으로 옳지 않은 것은 무엇일까요?

4 엔트리 프로그램에서 [Chapter24] 폴더의 '식물키우기.ent' 파일을 열고 결과화면과
같이 무대를 완성한 후 실행해 보세요.

- 화분 오브젝트 : 오브젝트를 클릭했을 때 화분2 모양으로 바꾼 후 '성장' 신호를 보낸 다음
  5초를 기다렸다가 화분1 모양으로 바꿉니다.
- 식물 오브젝트 : '성장' 신호를 받았을 때 다음 모양으로 바꾼 후 1초 동안 기다리기를 6회
  동안 반복합니다.

화분 오브젝트를 클릭했을 때 화분 및 식물 오브젝트의 변화 과정(1초 단위)

코딩놀이 Lesson 3에 도전해 보세요~